섬과
섬을
잇다

◉ 이 책에 실린 원고의 집필은 와락센터의 지원으로 이루어졌습니다.

여전히 싸우고 있는
우리 이웃 이야기

이경석 이창근 유승하 희정 김성희 하종강 마영신
이선옥 김홍모 김중미 김수박 서분숙 박해성 연정

한겨레출판

어떤 이야기의 끝

지난해 봄 어느 날 '와락'에 단체손님이 오셨습니다. 동그랗게 앉고 보니 모두들 작가님이었습니다. 새로 시작하려는 공동의 작업을 위한 첫 모임이라고 했습니다. 그 작업은 섬처럼 고립되어 외로운 싸움을 하고 있는 사람들의 이야기를, 그림과 글로 세상과 이어주는 일이라고 했습니다. 해결된 것은 없었지만 세상의 관심을 쌍용차와 와락만 많이 받고 있는 듯해 늘 마음이 불편했던 우리는 이런 작업이 반가웠습니다.

그리고 기대했던 책이 나왔습니다. 책이 나오면 조금은 편해질 줄 알았는데 읽고 나니 마음이 더욱 불편합니다. 10년, 8년, 5년이 지나도록 고독한 싸움을 하며 죽고 다치고 쓰러지는 이들의 이야기가 편하게 읽히지 않는 것은 너무나 당연하지요.

'좋은 게 좋은 거'라는 말이 있습니다. '모난 돌이 정 맞는다'는 말도 있지요. 책을 보며 이 말들이 참 싫어졌습니다. 책 속의 주인공들은 특별하게 고집이 세고 말이 안 통하는 외골수들이 아닙니다. 단지 상상해본 적 없는 엄청난 일이 자기의 문제로 닥쳤을 때, 도망가거나 아닌 척하며 고개 숙일 수 없었던 사람들입니다. 침몰해가는 세상 속에서 '가만히 있으라'를 온몸으로 거부했던 사람들이지요.

'정리해고 하지 말라!' '비정규직 차별 말라!' '노조활동 인정하라!' '살던 대로 살고 싶다!' 주장하고 원하는 것도 정말로 간단합니다. 이 간단한 것을 얻기 위해 몇 년의 겨울과 여름을 길 위에서 나야 했던 사람들의 이야기입니다.

이 글을 쓰고 있던 날 아침, 한 정리해고 농성장의 플래카드가 밤사이 예리한 칼로 모두 뜯겨져 나갔다는 섬뜩한 소식을 전해 들었습니다. 노골적 악의를 드러내는 커터칼과 욕설이 가득 찬 엉뚱한 화풀이로부터 이들을 지켜야겠습니다. 죽어도 상관없다 방치하고 무시하는 자본과 오히려 죽으라며 밟고 부수는 권력으로부터 이들을 지켜야겠습니다.

여기 어떤 이야기가 있습니다. 오래전에 시작되어 아직 끝나지 못한 이야기입니다. 이제 그 이야기들을 행복하게 마무리하고 조용히 자신의 원래 자리로 가고 싶은 사람들이 있습니다. 그들의 이야기가, 아니 오늘과 내일의 우리 이야기가 여전히 손길을 기다리거나, 길 위에 서 있거나, 외진 곳으로 가지 않도록 함께 이야기의 끝을 만들어주세요.

그동안 힘들고 두려웠을 테지만 세상과 부딪치며 버텨준 모든 분들에게 진심으로 고맙다는 인사를 드리고 싶습니다. 또한 그들을 만날 수 있게 해주신 봄날 와락 마루에 동그랗게 앉았던 작가님들에게도 감사의 인사를 드립니다.

2014년 5월
심리치유센터 와락 대표 권지영

우리는 모두 연결되어 있습니다

《섬과 섬을 잇다》는 길게는 10년 넘게 싸우고 있는 현장의 이야기를 기록한 책입니다.

2000년대 들어 장기투쟁사업장이 크게 늘어났습니다. 1980년대 후반 노동운동이 처음 조직적으로 일어나기 시작했을 때는 30일만 넘어도 장기투쟁으로 불렸습니다. 하지만 지금은 투쟁을 시작했다 하면 1년 넘는 건 예사고, 10년이 넘도록 싸우는 곳도 있습니다.

그래서 노동자들이 너무나 많이 죽어갑니다. 쌍용자동차 노동자들이 죽고 한진중공업 노동자들도 죽기 시작했습니다. 소리 소문 없이 죽어가는 비정규직 노동자들도 많습니다. 노동자가 아픈 사회는 제대로 된 사회가 아닌데도, 우리 사회는 여전히 노동자들에게 이 고통을 견디라고 합니다.

한편에는 국가가 저지르는 폭력에 신음하는 사람들이 있습니다. 국가정책, 공익, 보상이란 이름으로 주민들의 삶터를 아무렇지 않게 짓밟는 국가와 맞서 싸우는 사람들이 있습니다. 평생을 평범한 농민으로 살아온 팔순, 구순의 노인들이 "제발, 그냥 이대로만 살다 죽게 해달라"고 애원합니다. 바다를 삶의 터전으로 의지하며 살아온 섬사람들은 대규모 군사기지가 들어서는 걸 막기 위해 날마다 국가의 대리인인 경찰과 건설자본의 포클레인에 맞서 전쟁을 치릅니다. 설마 국가가 우리에게 함부로는 하지 않겠지, 라고 믿어온 사람들입니다. 절대권력인 '국가'라는 존재에 맞서 아무것으로도 호명할 수 없는 사람들이 신음하고 또 신음하면서 몇 해째 싸우고 있습니다.

폭력과 경제적인 어려움뿐이 아닙니다. 이들이 공통으로 겪고 있는 큰 고통은 '외로움'입니다. 아무 일 없이 돌아가는 세상에서, 바로 곁의 이웃조차 그 사실을 모른 채 싸우고 있는 작은 섬들. 하늘 위에 농성장을 만들어 그곳에서 또 수백 일을 싸우는 현실. 그래서 이들은 지금 섬입니다. 물리적으로 고립되어 알려지지 않은 섬일 뿐만 아니라, 그 싸움의 정당성을 늘 공격하고 비난하는 제도와 시선의 장벽들에 갇힌 섬입니다.

'섬섬 프로젝트'는 이 외로운 섬들을 이어보려는 시도입니다. 철탑 위의 노동자와 밀양의 산을 지키는 노인의 삶이 둘이 아니며, 부평 기타공장의 노동자와 강정마을을 지키는 아이의 삶이 따로 있지 않습니다. 이 땅에 함께 살고 있는 한 우리는 모두 어떤 식으로든 연결되어 있습니다. 그 연결점을 놓쳐 고립된 이 작은 섬들을 다시 '우리' 안으로 이어보려 합니다. '섬과 섬을 잇다'라는 공동작업의 이름은 자연스럽게 책 제목이 되었습니다. 섬섬 프로젝트에 참여한 작가들의 바람은 소박합니다. 우리의 작업이 막강한 권력을 이길 만큼 큰 힘은 없다 하더라도, 장기투쟁 현장의 노동자와 주민 들에게 작은 울타리가 되는 것입니다. 싸리나무 울타리처럼 얼기설기 엉성하지만 그래도 집을 보호해주는, 개중에 단단한 놈은 바람을 좀 더 막아주고, 그렇지 못한 것은 그것대로 힘이 되어주는 그런 울타리가 되고 싶습니다.

본디 국가가 그런 역할을 해준다고 우리는 배웠습니다. 어떤 국민들의 편리를 위해 다른 국민을 희생시키는 게 아니라, 애초부터 모든 국민의 평화와 행복을 추구하기 위해 끝없이 설득하고 합의하고 공존의 길을 찾는 것이 바로 국가의 의무라고 배웠습니다. 그런데 이 작업을 하면서 우리는 국가란 무엇인가, 그 존재 이유를 묻지 않을 수 없었습니다.

언제나 그렇듯 우리는 이 작업을 통해서 많이 배웠습니다. 비록 고립되어 있으나 이들의 외로운 싸움은 등대와 별처럼 우리 삶의 방향을 비춰주고 있다는 사실을 알았습니다. 제주 강정마을의 평화지킴이는 "평화로운 세상을 만들기 위해 강정보다 평화롭지 못한 이웃들이 있는 곳으로 갈지도 모른다"고 말합니다. 철탑에 올라 고공농성 중인 동료를 생각하며 겨우내 반팔 차림으로 지낸 울산의 비정규직 노동자도 있습니다. "아주 추웠지만 위에 있는 사람들을 생각하며 견뎠다"고 담담하게 말합니다. 지독한 고립 속에서도 이들이 견딜 수 있었던 힘을 알 것 같습니다. 어떤 고난 속에서도 사람이 사람을 위하는 마음이 있는 한 쉽게 무너지지 않는다는 것, 인간답게 사는 걸 포기하지 않는 게 그래서 가장 중요하다는 것을 말입니다.

한 권에 다 담을 수 없을 만큼 장기투쟁 현장이 많았습니다. 쌍용자동차, 밀양 송전탑 반대 현장, 재능교육, 콜트·콜텍, 제주 강정마을, 현대차 비정규직, 코오롱 이렇게 일곱 곳을 정하고 작업하면서 아직 싸우고 있는 다른 현장들이 계속 눈에 밟혔습니다. 장기투쟁이 계속되는 한 우리의 작업 또한 계속 이어가겠다고 스스로 약속하며 겨우 작업을 마칠 수 있었습니다.

2013년 어느 날, 마음 아파하지만 말고 뭐라도 해보자고 의기투합한 이 책의 작가들도 사실 각자의 작업에 바쁜 섬들이었습니다. 이 작업을 통해 그동안 뭘 해야 할지 몰라 막막했던 우리가 먼저 고립감과 무기력함을 떨칠 수 있었습니다. 기꺼이 취재에 응해준 노동자들과 주민들, 동료작가들 모두에게 고맙습니다. 이 책이 나올 수 있도록 지원해준 노동자의 벗 '와락'과 작업 내내 따뜻함을 나눈 한겨레출판에도 고마움을 전합니다.

이 땅에 살고 있는 한 우리는 모두 연결되어 있다는 든든한 연대감을 이 책을 읽는 독자들과 나누고 싶습니다.

2014년 5월
저자들의 마음을 모아 이선옥 씀

1

분향을 두려워하는 사회

•

쌍용자동차 이야기

만화 이경석

만화가이자 일러스트레이터로 활동하며 어린이 교양지 〈고래가 그 랬어〉와 어린이 과학잡지 〈과학쟁이〉에 만화를 연재하고 있다. 만 화 《속주패왕전》, 《전원교향곡》, 《좀비의 시간》, 《을식이는 재수 없 어》 등을 지었고, 《민재가 뿔났다!》, 《오메 돈 벌자고?》, 《빨간 날이 제일 좋아!》 등에 그림을 그렸다. 다큐멘터리 만화 모음집 《사람 사 는 이야기》, 철거민들의 목소리를 담은 만화집 《떠날 수 없는 사람 들》 등에 참여했다.

르포 이창근

쌍용자동차 해고노동자. 2001년 쌍용자동차에 입사하여, 자동차 검사와 조립 라인 일을 했다. 2009년 77일간의 평택공장 점거파업 당시 쌍용차 노조의 대변인 역할을 맡았다. 이후 '희망버스' 대변인 등으로 활동했다. 현재 민주노총 금속노조 쌍용차지부 기획실장으 로 쌍용차 정리해고 문제의 부당함을 알리기 위해 노력하고 있다. 그 과정에서 칼럼니스트로도 주목을 받아 〈한겨레〉와 〈한겨레21〉 을 거쳐 현재는 〈경향신문〉과 〈시사인〉에 칼럼을 연재하고 있다.

새 대통령이 부임한 2013년.
부당한 해고 이후 목숨을 잃은 24인의 쌍용자동차 노동자와 그 가족의 영정이
서울 한복판 대한문 앞에서 국가권력에 의해 밟히고 찢기고 있었다.

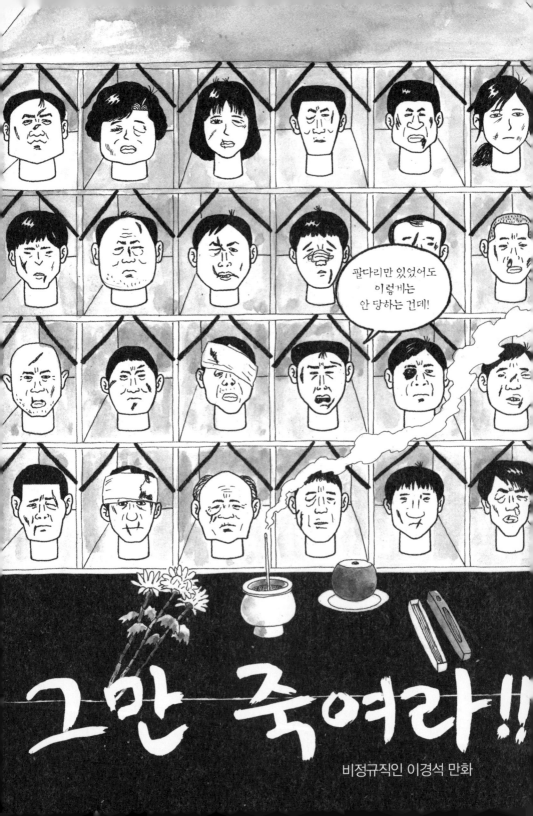

우리가 누구 때문에 이러고 있는데!

병모야, 니가 좀 발라줘라. 다 바르고 대일밴드 잘 붙이고…

그만 떠들고 입 다물어. 약 바르게…

아우… 씨발… 아후우… 씨발… 개새끼들…

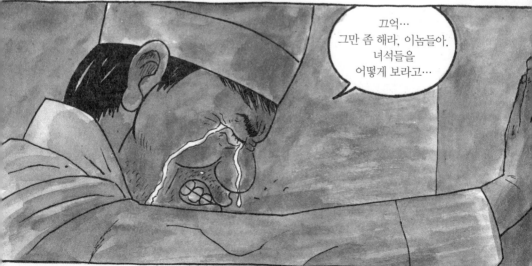

끄억… 그만 좀 해라, 이놈들아. 녀석들을 어떻게 보라고…

임승룡이만
너무 튀잖아.

그게…
약국 갔더니
어른용이
다 떨어졌다고…

……

킥킥킥
웃으면 안 되는데…
자꾸 웃기네…

야,
너 우는 겨?

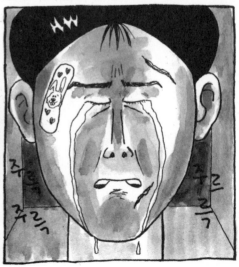

그게 아니고…
저기…

그때가
우리 마누라
임신했을 땐데…

걱정 마라.
니 자식이랑 마누라
잘 사는 거 보고
죽을 테니까.

이런
씨발…

야!! 좀 물어보자.
저기 죽어서 저러고
있는 게 아직도
불법시설물로
보이냐?

불법시설물로
보이냐고!

그들은 마치 로봇 같다.
목이 터져라 소리쳐도
똑같은 말만 되풀이한다.

도로법
제38조 1항에 의거
허가 받지 않은
불법시설물로

오고 가는
시민들에게
불편을 초래하고

시민들한테
물어봤다.
안 불편하대!

하루 종일
길 막고 서 있는
너희들이 더
불편하대!

너희들은
안 죽고
영원히 살 것
같냐?

혹시
지옥에서
만나면
모른 척하지
마라.

철거
하세요!

우르르르르

으아아아아아

데굴 데굴 데굴

곽

아! 아!

뻥

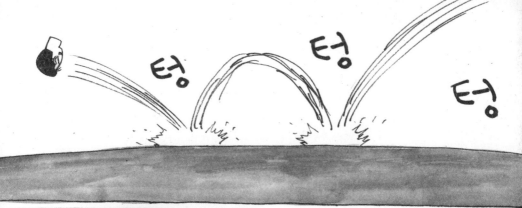

텅 텅 텅

푸악

임승룡!!

스... 으...
승룡아...

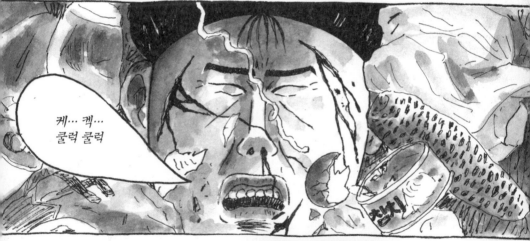

케... 깩...
쿨럭 쿨럭

점차

쏴아아

......

미안하다,
미안해...

와
락

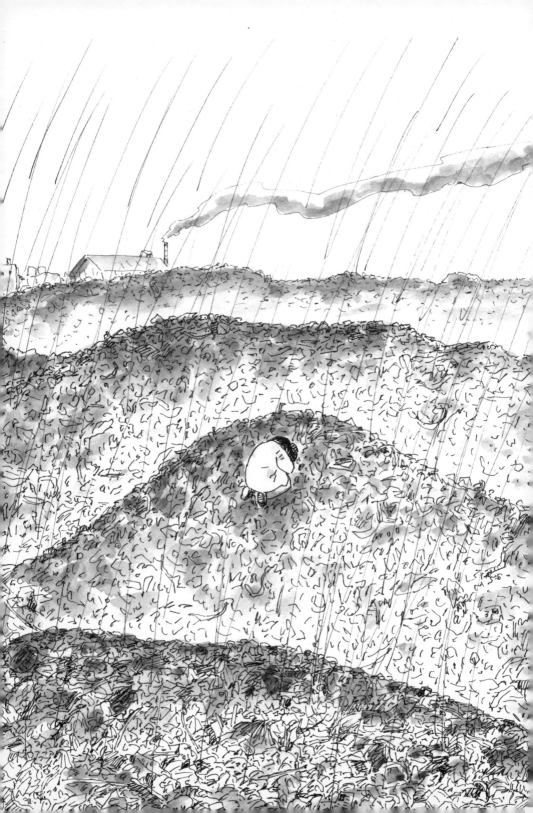

나무 없는 나뭇잎 하나

이창근

이창근

'미안합니다. 정리해고 명단입니다.'

옷엔 쉰내가 진동했다. 머리띠를 벗자 이마엔 머리띠 자국이 선명했다. 땀에 젖은 조끼를 벗어 의자에 걸기도 귀찮아 그냥 책상 위에 던져버렸다. 또 하루가 가고 있었다. 머리띠와 조끼를 벗는 순간, 전투복을 벗은 군인처럼 몸은 한결 가벼웠다. 밤이슬 내린 나뭇잎은 하나둘 고개를 떨궜고, 가로등 주위엔 불나방들이 춤의 향연을 벌였다. 일요일 오후에 짐을 꾸려 집을 나간 뒤 그 주 토요일에 집에 돌아오는 일상이 반복되고 있었다. 그러고 보니 공장에서 먹고 잔 것도 5개월이 넘고 있었다. 인적이 드문 칠괴동 공장 하늘에 별똥별이 하나둘 떨어지고 있었다. 떨어지는 별똥별에 지난 시간이 오롯이 묻어났고 시간이 별빛 따라 급하게 쏠려 내려가는 모습이 눈앞에 펼쳐졌다. 문득 자고 있을 아이와 아내가 생각났다. 노동조합 일을 하면서 집에 들어가는 날이 명절날 고향집에 내려가는 것처럼 드물어졌다. 네 살짜리 아이는 콩나물시루의 콩 마냥 하루가 다르게 자라고 있었다. 고향집 어머니를 찾아뵌 지도 무척 오래되었다. 노동조합 일을 하는 까닭이 가정의 행복과 더 나은 삶을 위해서일진대 현실에서는 왜 이리 실현되기가 어려운 건지. 특히나 노동조합 간부 입장에선 더욱 그랬다. 하루라는 시간을 쪼개고 한 달이란 시간을 나눠 쓰고 있지만 시간은 늘 부족했다. 하루 일과를 정리할 때가 되면 습관처럼 전화기 액정을 훑어봤다. 늘 부재중 전화와 문자가 작은 전화기에 가득 차 있었다.

그중 직장에서 보낸 문자 한 통이 눈에 들어왔다. '미안합니다. 정리해고 명단입니다.' 무슨 얘긴가 싶어 다른 문자가 더 있는지 확인했다. 그러나 없었다. 짧은 문자 한 통뿐이었다. 정리해고란 단어를 뚫어져라 한참을 들여다봤다. 2009년 5월 21일 12:45 PM. 발신자는 직장이었다. 올 것이 왔구나 싶으면서도 받고 싶지 않은 문자를 받고 나니 덜컥 앞날이 걱정됐다. 아직 어린 아이와 할부도 끝나지 않은 자동차값 그리고 정리해고 통지서를 집에서 받아볼 아내 생각에 한동안 멍한 상태로 앉아 있었다. 근 몇 달 동안 가장 많이 쓴 단어가 '정리해고'였는데 막상 그 말을 마주하고 보니 느낌이 달랐다. 어떻게 할까. 어떤 방법이 있을까. 밤새도록 공장을 지키는 동안 생각의 끈을 놓을 수가 없었다. 정리해고가 회사 생활은 물론 삶의 뿌리를 송두리째 흔들고 있음을 직감하는 순간이었다.

너도 나도 같은 처지

2009년 5월 22일 아침이 밝았다. 정리해고 명단 때문에 잠자리는 뒤숭숭했다. 몸은 물먹은 솜 마냥 바닥으로 처져만 가고 있었다. 파업 첫날부터 이러면 어떡하나 싶으면서도 걱정거리가 머리를 짓눌렀다. 오후 1시까지 공장으로 집결하라는 노동조합 지침. 이 지침에 따라 공장으로 모일 조합원이 얼마나 될까. 내가 받은 정리해고 문자를 2,646명도 함께 받았을 것이다. 그 문자를 받고 내가 밤새 뒤척였던 것처럼, 다른 사람들도 그랬을 것이다. 그들은 과연 어떤 선택을 할까. 아직 장담할 수 없는 상황이었다. 사람이 혼자 있을 때 얼마나 연약하고 흔들림 많은 존재인가를 새삼 느꼈다. 매일같이 출퇴근하던 길. 어쩌면 오늘이 가장 많은 고민을 하며 공장으로 향하는 날이었다. 그도 그럴 것이 이미 회사의 해고 통보를 받고 난 뒤 공장으로 발길을 옮기고 있지 않은가. 편할 리 없고 가벼울 리 없는 발걸음들일 것이다. 선택지 없는 상황에 몰려 있는 사람들이 공장으로 하나둘 몰려들고 있었다. 조합원이 모이지 않으면 어쩌나 하는 아침나절의 걱정은 점심때가 넘어가자 사라졌다. 조합원들이 공장에 가득 들어선 것이다. 공장 점거 파업이 시작되었다. 이때만 해도 이후 쌍용자동차 투쟁이 그토록 지독한 탄압의 표적이 될 거라곤 생각하지 못했다. 아무리 긴박한 경영상의 이유가 있다손 치더라도 정리해고를 순순히 받아들일 직장인은 없다. 저항과 파업은 노동자들의 당연한 권리가 아니던가. 절박하게 노동조합의 필요성이 느껴질 때가 지금처럼 해고가 코앞에 다가온 순간이 아닌가. 더욱이 쌍용차는 그동안 보수언론도 '먹튀 논란'과 '기술 유출'을 대서특필하지 않았던가. 이 싸움의 정당성을 역설적이게도 보수언론이 뒷받침하고 있었다. 중국 상하이자동차가 쌍용차를 인수한 후 신차를 한 대도 생산하지 않은 상황이었다. 매년 3,000억씩 투자하겠다던 약속 또한 휴지처럼 구겨진 채 하루하루 먼지만 덮어쓰고 있었다.

조합원 엄태선의 전화가 온 건 점심을 마치고 잠시 의자에 앉아 있을 때였다.

"나 정리해고 명단에 있니? 어떻게 확인할 수 있지?"

회사한테 물어보란 얘긴 차마 할 수 없었다. 그렇다고 아직 문자를 받지 않았으면 정리해고 대상은 아니란 말도 쉽게 할 수 없었다. 아직까진 모든 일처리가 회사 입맛대로 진행되고 있기 때문이었다.

"형, 우선 공장으로 집결해서 상황을 봅시다. 형이 정리해고 명단에 있고 없고는 아직 확인할 수 없어요. 회사가 대규모 정리해고 계획을 꺾지 않으면 언제든 이런 상황은 계속 될 거예요."

"그래, 생각해볼게…"

전화를 끊고 나니 입맛이 썼다. 무슨 얘길 한 건가 싶기도 했다. 조합 간부 됐다며 축하해주던 형이었는데, 갓 돌 지난 아이와 네 살짜리 아이가 있다는 생각이 들었다. 그리고 보니 몇 주 전부터 밤이면 전화를 해서 자신이 정리해고 명단에 있는지 어떻게 알 수 있냐며 확인하던 형이었다. 젊은 시절 중동에 나가 건설 일을 하던 사람이었다. 서른 초반에 쌍용차에 입사해 아이도 낳고 가정을 꾸렸다. 성실하게 일하던 사람이었는데, 정리해고 앞에서 그토록 긴장하고 초조해했다. 서른 넘어 꾸린 가정의 행복을 잃고 싶지 않았기 때문이다. 보다 못한 형수의 전화가 왔다. 새벽이면 일어나 담배만 피운다고 했다. 멍하니 밖만 보고, 얘길 해도 듣지 않는다고 했다. 어쩌면 좋겠냐는 물음은 내게가 아니라 형수 자신에게 하는 질문 같았다. 이런 조합원이 한둘이 아니기도 했고, 예상컨대 정리해고 대상이 아닌 사람에게 무슨 일이야 있겠냐며 대수롭지 않게 넘겼다. 그리고 다시 공장 점거 파업에 대비한 일처리에 전념했다. 그런데 며칠 뒤 전화 한통이 왔다. 형수였다.

"형이… 형이… 죽었어요."

전화기를 놓지 못했고 무슨 소리냐며 재차 물었다. 뇌출혈로 쓰러진 후 병원 후송 과정에서 죽었다고 했다. 정리해고에 대한 스트레스 때문이었단다. 믿기지 않았다. 정리해고 대상자가 아닌 사람이 죽다니. 아직 공장 점거파업을 일주일도 하지 않은 시점이었다. 급하게 장례식장으로 달려갔다. 아이 둘은 형수 무릎 주변에 잠들어 있었다. 검은 상복 차림의 형수는 맑게 웃고 있는 형 영정사진 앞에 넋을 놓고 있었다. 날벼락 같은 일이 눈앞에 펼쳐졌다. 가정의 완벽한 붕괴였다. 회사는 발 빠르게 이번 죽음의 문제를 정리해고와는 무관한 일이라며 이례적으로 보도자료까지 배포했다. 방귀뀐 놈이 성낸다고 그럴수록 회사의 혐의만 짙어질 뿐이었다.

그 여름 우리가 나눈 것

공장 점거파업을 선택한 이유는 간단했다. 노동자가 공장의 주인임을 알리기 위함이었다. 그리고 공장에서 내쫓으려는 회사의 부당한 요구에 우리는 응할 수 없다는 확고한 태도를 보여주기 위함이었다. 갇힌 공간에 함께 있다 보면 공기가 중요했다. 그것이 노동자의 사기일 수도 있고 기세일 수도 있다. 팀워크가 필요했다. 무거운 분위기는 공기를 따라 공장 안을 급하게 돌았고 소문도 마찬가지였다. 파업 초기에는 회사의 파상공세를 막고 정리해고의 부당함을 알리는 데 모든 힘을 집중했다. 홀로 견딜 수 없는 상황엔 어깨를 나눴다. 공장에서 일하면서도 느낄 수 없었던 동료애가 느껴졌다. 함께 밥을 먹고 함께 칼잠을 자면서 자연스럽게 '식구'란 생각이 들었다. 식구는 한 입에 밥을 넣는 사이란 영화 속 한 장면이 생각났다. 공장 파업이 길어지면서 조별 시간은 점차 늘어났다. 시간이 지나면서 서로의 불만과 속내는 속일 수 없었다. 그러나 불만은 허물을 벗었고 서로에 대한 믿음과 신뢰는 살로 변해갔다.

2014년 봄, 우리는 쌍용차 진실규명을 위해 여전히 싸우고 있다. 아마도 그때 공장 안에서 겪은 경험과 팀워크가 시간이 지나도 사라지지 않았기 때문일 것이다. 함께 만들고자 했던 공동체와 유지하고 지키려 했던 가정과 삶에 대한 긍정과 가능성을 우리는 놓지 않고 있다. 함께 살고자 발버둥 쳤던 그때 그 느낌을 우리는 아직도 소중하게 간직하고 있다.

사람들은 묻는다. 복직 투쟁을 왜 포기하지 않느냐고. 우리의 대답은 무척이나 다양하다. 같은 고통에도 다른 반응을 보이는 게 인간이기 때문이다. 그러나 우리 대답 가운데 적어도 이것 하나는 같다. '혼자 살 순 없지 않느냐.' 우리가 77일 동안 공장 안에서 단호하게 버린 건 혼자만 잘사는 방법이었다. 우리는 혼자 살고자 동료를 버리는 모습을 수도 없이 봐왔다. 홀로 견뎌야 하는 스트레스와 괴로움이 어떤 것인가를 우리는 죽음을 통해 똑똑히 목격했다. 결국 살기 위해서는 함께 사는 방법밖에 없음을 우리는 알았다. 우리는 파업을 통해 체득했던 것이다. 다양한 이해가 교차하고 수도 없는 갈등과 반목이 존재하지만 그렇다 해도 함께 살려는 의지만큼은 우리 자신의 것임을 알았다. 운명 또한 선택의 범위 안에 들어와 있는 것을 본 것이다.

끊이지 않는 죽음

그러나 또다시 죽음이 이어지리라곤 짐작하지 못했다. 죽음이 이어지자 우리는 당황했다. 공장점거 파업에 대비한 모든 준비를 했다고 생각했는데, 죽음만은 예상치 못했다. 그래서 공장 안에 검은 현수막을 거는 것도 경계했다. 자칫 공장 안으로 죽음의 향내가 스며들까 두려웠다. 그러나 우려는 현실이 됐고, 두려움은 진행형으로 이어지고 있었다. 2009년 6월 초 부산에서 조합원 한 명이 또 숨졌다. 이번엔 회사가 강제로 관제 데모에 동원한 노동자였다. 그는 부산에서 평택까지 관제 데모에 동원된 후 주변 동료에게 괴로움을 호소했다고 한다. 본격적으로 죽음의 문제가 수면 위로 올라오는 순간이었다. 왜 이렇게 사람이 죽어나갈까. 몇 년 동안 없던 죽음이 왜 2009년 5월을 기점으로 이 같이 쏟아졌던 것일까. 회사는 노동자에게 무엇일까. 경제적 이해관계를 넘어 다른 무엇이 있는 것인가. 회사에 대한 분노보다 죽음에 대한 궁금증이 더 했다.

한 달을 넘기기 무섭게 또 한 명의 노동자가 자살했다. 이번엔 창원 엔진 공장이었다. 희망퇴직을 한 20대의 젊은 노동자였다. 구만리만큼 남은 생을 번개탄을 피워 마감했다. 공장 안은 걷잡을 수 없는 공포와 두려움에 휩싸였다. 해고는 살인이란 말이 씨가 됐을까. 죽음은 끊이지 않았다. 이때부터 보도자료에 죽음의 방법을 구체적으로 쓰지 않았다. 모방이 겁났고 죽음을 구체적으로 상상하고 그릴 수 있는 상황이 두려웠다. 이렇게 한다고 해서 죽음이 멈추지는 않았다. 공권력이 진격의 나팔소리를 대내외적으로 높인 7월 중순. 정책부장의 아내가 스스로 목숨을 끊었다. 조금 전까지 함께 일하며 머리를 맞대던 동료의 아내가 죽은 것이다. 소식을 접한 정책부장은 경찰이 가득한 정문을 향해 정신 나간 사람처럼 허우적거리며 뛰어나갔다. 공장 옥상엔 검은 조기가 걸렸다. 회사와 경찰을 향해 오늘만큼은 공격을 중지할 것과 그때까지 하루 종일 틀어대던 '오 필승 코리아'를 꺼줄 것을 신신당부했다. 그러나 그들은 멈추지 않았다. 오히려 공격의 강도를 높이고,

노래 소리도 키웠다. 사람이 죽든 말든 정리해고만 강행하면 그만이었다. 필요할 땐 가족이라 말하던 회사였는데, 더 이상 가족관계라고는 없었다. 오로지 갑과 을의 계약관계뿐이었다. 계약관계가 찢어지는 순간 인간의 본성은 온데간데없었다. 어쩌면 회사라는 자본의 본 모습이 죽음을 통해 투명하게 우리 앞에 나타나는 순간이었는지도 모른다.

보수언론에서 먼저 주장한 먹튀 논란

중국 기업으로 쌍용차가 매각된 것은 2005년이었다. 당시 해외매각은 구제금융 이후 어떤 경향과 패턴처럼 유행이 된 상황이었다. 자동차산업은 국가기간산업이기 때문에 한 나라 산업정책과 밀접한 관련이 있을 수밖에 없다. 그럼에도 중국으로 매각이 추진된 이유는 명확하지 않다. 여러 추측이 가능하겠지만 아직 이 부분은 명확히 밝혀진 바가 없다. 당시 중국으로 매각이 진행되면서 회사가 자주하던 말이 있다. '중국은 공산국가이기 때문에 공산당 간부만 쌍용차를 사도 쌍용차는 먹고산다'는 것이었다. 그러나 현실은 그렇지 않았다. 중국엔 세계 모든 자동차 회사가 들어가 있지만 어떤 회사도 중국 자동차 시장을 장악하지 못했다. 그것은 중국의 자동차산업 정책과 깊은 관련이 있었다. 우리는 그 부분을 몰랐고 회사는 속였다. 예컨대 경상도엔 포드자동차만 판매하고 충청도엔 BMW만 판매하는 식이었다. 쌍용차를 인수할 기업이 중국이라 하더라도 이 룰은 깨질 리가 없었다.

또한 중국은 당시에도 외환보유고 1위를 자랑할 만큼 자본이 넘쳤고, 달나라까지 갈 수 있는 기술력이 있는 나라였다. 그런데 자동차 생산 기술은 없었다. 이는 자동차산업의 기술력이란 것이 쉽게 얻을 수 있는 것이 아니란 사실을 말해준다. 중국 상하이자동차가 굳이 쌍용자동차를 인수한 목적이기도 했다. 쌍용자동차는 독일 벤츠로부터 기술이전료를 정당하게 지급하며 각종 기술을 이전받았다. 그 결과 쌍용자동차는 규모에 비해 한국 자동차 시장에서 디젤 전문 자동차 회사로 독보적인 자리를 차지할 수 있었다. 2007년 대한민국 정부는 하이브리드 국책사업을 시행하는데, 매출을 비롯한 여타 규모 면에서 현대 · 기아차에 비해 한참 떨어지는 쌍용자동차가 디젤 하이브리드 국책사업에 낙점된다. 그만큼 쌍용자동차는 디젤 분야에선 자타가 공인하는 기술력을 가지고 있었다.

중국 상하이자동차는 곶감 빼먹듯 쌍용차 기술을 빼갔다. 그것도 기술이전료는 물론 어떤 투자도 없이 기술만 훔쳐갔다. 2006년 KBS 〈시사기획 창〉에서 중국 상하이자동차 기술 유출과 관련한 심층보도가 나갔지만, 당시 기술 유출 방지법은 존재하지 않았다. 도둑은 있는데 도둑을 처벌할 법이 없는 어처구니없는 상황이었다. 외환은행 론스타 '먹튀 논란' 이후 쌍용차가 '먹튀 논란'의 중심이었다. 조합원들의 분노는 누적됐고 누구나 중국 상하이자동차 먹튀와 기술 유출을 성토했다. 보수언론은 앞 다퉈 쌍용차 먹튀 문제와 기술 유출을 기획기사로 실었다. 누구 하나 여기에 이의를 제기할 수 없었다. 쌍용차 먹튀 문제와 기술 유출 문제는 보수언론에서 내용적으로, 양적으로 더 많이 다뤘다. 그러나 그들은 정작 노동자 해고에 대해선 다른 잣대를 들고 나왔다. 그들의 이중 잣대는 결국 정리해고 사태를 악화시키고 노동자들의 분노를 더욱 부추겼다.

익명과 실명 사이의 관계

쌍용자동차는 세단과 SUV/RV를 전문으로 생산하는 상대적으로 규모가 작은 회사다. 직원들은 디젤 전문 회사를 표현한 '작지만 강한 회사'라는 슬로건을 자랑스럽게 생각했다. 잔업과 특근이 많지 않았고 일의 보람을 느꼈으며 월급으로 그럭저럭 살림살이를 늘려가는 재미가 있는 회사였다. 자동차산업은 투자비용이 꽤나 드는 산업이다. 신차 출시를 위해 보통 3,000억 정도가 든다. 연구 개발부터 신차 출시까지 적지 않은 시간이 필요하고 자본 또한 많이 드는 편이다. 2005년 쌍용자동차를 인수한 중국 상하이자동차는 매년 3,000억 투자와 신차 출시를 약속했다. 이 같은 약속은 매년 임단협마다 공수표처럼 남발됐다. 그러나 믿지 않을 수 없었다. 어쩌면 믿고 싶었을지도 모른다. 믿기지 않는 거짓말 같은 현실이 우리 눈앞에 펼쳐지기 전까진. 생산을 통제할 수 없는 노동자들로서는 달리 방법이 없었다. 대비를 하고 준비를 한다는 것이 얼마나 비현실적인가. 고단한 하루하루 살아가야 하는 노동자들에게 미래를 준비하고 대비해야 한다는 말처럼 비현실적인 것도 없다. 모든 일은 사후적으로 해석될 뿐 미리 대비한다는 것은 말처럼 쉽지 않았다.

정리해고 이후 지금까지 쌍용차 노동자와 가족이 25명이나 죽었다. 25개의 세계가 한순간에 사라진 것이다. 이들의 죽음은 수많은 사람들의 문제와 거미줄처럼 얽혀 있다. 우리 모두 언제 깨지고 뒤틀릴지 모를 불안정한 노동시장 위에서 살아간다. 언젠가 한 학생이 전화를 했다. 한동안 뜸을 들인 후 어렵게 얘기를 꺼냈다. 쌍용차 노동자들의 죽음을 애도하고 쌍용차 문제 해결을 요구하기 위해 1인시위를 했다고. 그런데 자신이 들고 있던 얼굴 없는 영정사진의 실제 인물이 알고 보니 친척이란 것이다. 얼굴 없는 영정사진을 들고 한참을 울었다고 했다. 이 전까진 그저 연대하는 마음이었는데, 사실을 알고 난 후 마음이 복잡하다고 했다. 이것을 단순한 우연이라 말할 수 있을까.

2011년 정리해고자는 10만 3,000명이었다. 4인 가족이 있다면 41만 2,000명이 정리해고의 당사자인 셈이다. 여기에 친구와 친척이 열 명쯤 있다고 가정하면 그 숫자는 412만 명으로 치솟는다. 우리가 정리해고와 무관하게 살아간다고 할 수 없는 숫자인 것이다. 정리해고가 사회 깊숙이 자리 잡았음을 자료가 말해준다. 더 이상 재수가 없었다거나 운이 나빠 정리해고를 당했다고 할 수 있는 문제가 아니다. 언제라도 내 문제가 될 수 있는 구체적인 현실로 정리해고는 다가오고 있다. 쌍용자동차 정리해고로 인한 죽음의 문제가 우리에게 이런 사실을 구체적으로 말해주고 있다.

안으로부터의 파괴

쌍용차 가족대책위 위원장은 셋째를 임신한 몸으로 활동을 시작했다. 처음엔 임신 사실을 몰랐다. 그러나 점차 배가 불러오는 것을 보고 임신 사실을 알았다. 그러나 회사는 '임신한 사람을 앞세우고 있다'며 악선동을 해대기 바빴다. 사측엔 처량함도 인간적 연민도 없었다. 정리해고가 발생하자 자발적으로 모여든 아내들은 안 해본 일이 없을 정도다. 남편들이 공장에 갇히고, 물·식량·전기가 끊기는 극한 상황이 될수록 아내들은 몸을 더 낮춰가며 곳곳에 호소했다. 그리고 그 아내들 옆엔 항상 아이들이 있었다. 여력이 될 때마다 아이들을 다른 곳에 보호하려 했다. 그러나 그을린 얼굴의 엄마와 보이지 않는 아빠, 그리고 눈앞에서 움직이는 시커먼 경찰들이 수시로 행하는 폭력에 아이들은 공포 속으로 빠져 들어갔다. 어른들은 몰랐다. 짐작할 수도 없었다. 어른들도 21세기 한국에서 이런 일이 일어나리라곤 상상조차 못했는데 무슨 수로 아이들의 상처에 관심을 뒀을까. 학교에서 자기 아빠를 놓고 빨갱이라 칭하는 선생님의 말을 듣게 되고, 친구들은 자기 아빠를 '죽은 자'라고 불렀다. 아이들이 섞여 있는 집회에도 사정없이 최루액이 뿌려지고 경찰 헬기는 저공비행으로 바람을 일으켜 아이들 숨통을 조였다. 아이들 눈앞에서 곤봉으로 시위대를 때리고 잡아갔다. 가족들은 시도 때도 없이 가슴 높이까지 오는 기다란 방패—아이들 키에 방패는 자기 머리 한참 위에 있다. 그 숨 막힘과 공포가 상상이 가는가—로 둘러싸이고, 확성기에서 나오는 메마르고 위협적인 해산명령에 몸을 떨었다.

2009년 8월 6일 쌍용차 공장 점거 파업이 막을 내렸다. 77일간의 파업이 끝난 것이다. 파업 기간 동안 경찰의 최루액과 무더위와 보수언론의 온갖 비난에도 우리는 버티며 견뎠다. 야속하게도 하늘에서 비 한 방울 내려주지 않았다. 하늘도 우릴 버렸다는 자조 섞인 한숨이 공장 안팎을 감쌌다. 회사가 물까지 끊어버리는 바람에 화장실엔 똥이 넘쳤고, 공장은 암모니아 냄새로 진동했다. 최루액 묻은 팔다리는 한여름 무더위에 덧나고 곪았다. 씻을 물은 물론 먹을 물도 말라버려 자본에 의한 사막화가 심각하게 진행된 쌍용차 공장 안이었다. 그렇게 바라던 비는 파업을 끝낸 8월 6일 경찰서로 향하는 버스 위로 떨어지고 있었다.

그토록 기다리던 아빠가 공장 밖으로 나왔어도, 아이들은 안심하지 못했다. 아빠는 전처럼 웃지 않았다. 말도 없어졌다. 엄마와 아빠 사이에 오가는 불길한 느낌의 대화에 아이들은 안정감을 잃어갔다. 다니던 학원은 끊게 되고 어울려 놀던 친구들은 곁에 오지 않았다. 아빠들은 아이들을 품에 안기도 전에 경찰서로 끌려가곤 했다. 그렇게 구속으로 이어진 아빠들만 96명이다. 마지막까지 남은 농성자의 1/4이다. 그 아빠들은 짧게는 3개월, 길게는 1년을 감옥에서 살았다. 한상균 지부장은 3년 만기를 채워서야 가족과 손을 잡을 수 있었다.

내 아이는 안전한가

파업 뒤 아이들이 보이는 모습은 다양했다. 어떤 아이는 그림을 그리라 하니 빨강과 검정만 사용했다. 원형탈모에 걸린 아이도 있었다. 어떤 아이는 초등학생인데도 분리불안이 생겨 부모와 떨어져 있질 못했고, 경찰특공대를 죽일 방법에 대해 매일 궁리하는 아이도 있었다. 어떤 아이는 허리띠를 차고 그 띠에 막대기, 핸드폰, 드라이버, 장난감 칼을 잔뜩 차야 안심했다. 어떤 아이는 부모를 따라 죽겠다고 했다. 우울과 이유 없는 울음 그리고 발육부진. 경찰과 남자어른에 대한 분노와 공포 반응과 자기보호에 대한 강박적 모습을 보이는 아이들을 어렵지 않게 보게 된다. 슬프기 짝이 없다.

처음엔 몰랐다. 감옥에서도, 출소하고서도 노동조합 간부로서 내 임무에 최선을 다하기 급급했다. 아내가 말해줄 때도 눈에 들어오지 않다가 파업하고 2년이 지나서야 보이기 시작했다. 내 아이도, 다른 아이들도. 아이에겐 아빠란 존재는 파워레인저보다 강하고 자신을 철석같이 지켜줄 사람인데, 우리 쌍용차 아빠들은 그 노릇을 거세당했다.

그런 중에 와락이 생겨났다. 와락은 아이와 어른에게 숨을 쉴 수 있는 공간이자 양지바른 곳이었다. 우리의 심리치유를 위한 장소에서 시작한 와락은 점차 온정과 연대의 손길이 모이는 곳으로 발전했다. 뜨개질을 하며 웃음을 찾은 아내들, 온몸에 땀이 흠뻑 젖을 정도로 맘껏 뛰어다니며 노는 아이들을 보며 잠시나마 위안을 받을 수 있었다. 그때부터 아이들의 상처도 하나 둘 눈에 들어오기 시작했다. 집단적으로 입은 가공할 폭압의 피해가 어떤 규모로 우리를 해체시켜 가는지를 알아가면서 비로소 우리는 서로를 보듬기 시작했다.

지금 우리들의 모습은 와락이 있기 전과는 다르다. 어떤 이는 징계해고가 부당하다는 판결을 받고 복직했고, 무급휴직자 400여 명도 아쉬우나마 공장에서 일을 한다. 누군가는 여전히 해고자 신분으로 복직투쟁을 하고 있다. 진즉에 희망퇴직한 사람들과 그 가족의 소식들도 참으로 궁금하다. 와락이 생겨나고 소식이 끊긴 이들을 만나게 되는 경우가 많았다. 조금 더 빨리 와락과 같은 공간이 만들어졌으면 어땠을까. 지금보다 더 서로를 의지하지 않았을까. 그 의지의 힘으로 지금보다 나은 모습으로 살아갈 수 있지 않을까. 물론 와락이 만들어졌다고 해서 모든 문제가 해결된 것은 아니다. 관계가 악화되어 피폐해진 가족도 있고, 위기와 고난을 인내와 신뢰로 메워가는 가족도 있다. 그러나 와락이 만들고자하는 작은 공동체처럼 포기하지 않고 끊임없이 견디고 있는 그들의 노력에 눈시울이 붉어지고 목이 멘다. 이들의 삶에 대해 누가 함부로 얘기할 수 있겠는가. 모두들 최선을 다했으니까 그것으로 충분하다. 오늘 이 순간, 이 자리, 나와 함께 있는 이들을 들여다본다.

거짓말 같은 현실을 만드는 거짓말

2009년 1월 9일 상하이자동차는 대주주이면서도 쌍용자동차를 법정관리에

집어넣는다. 현금 유동성이 없다는 이유였다. 그러나 회사의 주장은 거짓말이었다. 상하이자동차의 '기획부도' 의혹이 점차 진실로 드러나고 있다. 2009년 당시 쌍용차의 대주주였던 상하이자동차는 1월 말 만기되는 어음 920억 원과 4월 말 만기 회사채 1,500억 원을 갚을 수 없다고 했다. 그러나 쌍용차는 상하이자동차로부터 받기로 한 1,200억 원 중 600여 억 원의 기술료와 260여 억 원의 미수금이 있었다. 또한 중국에 2,400억 원 상당의 대출계약도 존재했다. 이뿐만이 아니다. 당시 2대 주주였던 정부와 산업은행의 책임도 크다. 2008년 12월 말, 상하이자동차가 돌연 철수카드를 뽑아들자, 쌍용자동차는 정부와 산업은행에 자금 지원을 요청했다. 그러나 '상하이자동차의 지원과 구조조정이 먼저'라며 기획재정부와 산업은행은 선을 그었다. 울고 싶던 상하이자동차에 뺨을 때린 격으로 먹튀를 하려던 상하이자동차에는 좋은 핑계거리가 됐다.

부실규모를 부풀린 '회계조작'은 쌍용자동차 문제의 핵심이자, 경제위기를 노동자에게 덮어씌운 것은 물론 정리해고의 기반 자체를 뒤흔드는 중요한 사안이다. 상황은 이렇다. 법정관리 당시 쌍용자동차는 부채비율이 561퍼센트에 달한다고 발표했다. 그러나 실제는 187퍼센트에 불과했다. 여기에는 안진회계법인과 삼정KPMG, 삼일회계법인 국내 3대 회계법인의 공모가 있었다. 쌍용자동차가 보유하고 있던 유형자산(공장, 기계장치, 건물 등)의 가치를 지나치게 낮게 평가했다. 이것이 소위 회계조작 의혹의 핵심인 손상차손 과다계상 문제다. 안진회계법인은 2008년 회계감사보고서에서 손상차손을 5,177억으로 평가한다. 삼정KPMG는 이를 근거로 정리해고 규모를 처음으로 언급했다. 2009년 3월 말 회생법원에 제출된 보고서에 '2,646명'이라는 정리해고 규모가 등장한다. 쌍용자동차는 2009년 4월 8일, 이를 인용 정리해고 방안을 내놨으며 법원이 추천한 삼일회계법인도 이 같은 내용을 검토 없이 그대로 적시했다. 이 같은 내용에 대해 금융감독원은 2008년 안진회계법인이 제출한 재무제표에 대해 일부 문제는 있었지만, 제재를 가할 정도는 아니라고 판단했다. 그러나 금융감독원의 설명과는 달리 의구

심은 여전히 해소되지 않고 있다. 2014년 2월 서울고등법원이 회사가 해고를 막기 위한 충분한 노력을 기울이지 않았다며 정리해고가 부당하다고 판결한 것은 회계조작 부분을 법원도 인정한 것으로 볼 수 있다.

금융당국과 3대 회계법인의 이 같은 거짓말이 결국 거짓말 같은 현실을 만들고 있다. 숫자에 사람은 죽었고 자료에 죽음이 덮였다. 관료들의 한가한 펜대질에 노동자들의 생목숨을 날아갔고 살아남은 자들도 거리에서 5년을 헤매고 말았다.

분향을 두려워하는 사회

쌍용자동차 문제를 말할 때 분리되지 않는 것이 죽음이지만 분리하고 싶은 것 또한 죽음이다. 그러나 죽음은 우리의 의지 밖의 문제였고 점차 통제할 수 없는 지경에 이르렀다. 쌍용차 파업 3년이 흐른 지난 2012년 4월 5일, 우리는 서울 대한문으로 발길을 옮겼다. 더는 지역 사회에서 쌍용차 문제를 풀 수 없는 상황까지 내몰렸기 때문이다. 더 결정적인 이유는 '투쟁하는 노동자는 죽지 않는다'는 불문율이 깨졌기 때문이다. 22번째 희생자 이윤형 동지는 투쟁하는 해고노동자였다. 사람은 죽어갔지만 언론마저 외면했다. 아니 외면했다기보다 죽음 위에 죽음이 쌓이는 상황을 단신 보도로는 어떻게 해볼 도리가 없었다. 대한문 분향소를 설치하기 위한 경찰과의 싸움은 지루하게 이어졌다. 영정사진이 찢기고 제대가 밟히는 날이 늘어갔다. 눈물자국이 마를 날 없는 영정사진이 안쓰러웠고 영정사진조차 지킬 수 없는 우리가 무력했다. 작은 현수막조차 독수리 먹잇감 채듯 경찰이 낚아챘다. 밟히고 끌려가고 연행과 조사를 밥 먹듯 했다. 하늘이 도운 것일까. 하늘에서 비가 내리기 시작했다. 비로소 작은 천막 하나를 칠 수 있었다. 겨우겨우 분향소를 마련할 수 있었고 그제야 영정사진은 비를 피할 수 있었다.

대한문 분향소 설치 이후 수많은 사람들의 발길이 이어졌다. 외국여행을 마치고 대한문을 먼저 들른 후 집으로 향하는 사람이 있는가 하면 필리핀에서 직접 대한문을 방문하기 위해 오신 분도 있었다. 하나같이 미안한 마음을 전하고 있었다. 싸워주고 있어서 고맙다는 말을 빼놓지 않았다. 불법과 폭력을 일삼는 경찰의 행태는 2009년 여름 쌍용차 평택공장의 그 공권력보다 더 치졸한 방식으로 잔인하게 노동자를 짓밟았다. 분향소를 철거한 자리에 꽃으로 동산을 만드는 뻔뻔한 짓을 서슴지 않았다. 집회는 물론 기자회견까지 막아서는 막무가내 불법이 대한문에서 일상으로 벌어졌다.

2013년 9월, 막힌 대한문을 떠나 평택 공장으로 자리를 옮기기로 했다. 쌍용차 국정조사는 대선 과정 각 캠프의 공약 문턱은 넘었으나, 결국 희망고문으로 남고 말았다. 김정우 전 지부장은 대한문 분향소를 지키려다 구속됐다. 어떻게 해볼 수 없는 시간들이 먼지처럼 쌓였다. 방향을 틀어야 할 시점이 온 것이다.

대한문 분향소에서 평택 공장으로 옮기는 것에 대한 이견이 많았다. 그러나 쌍용차 투쟁이 늘 그랬던 것처럼 다시 활로를 열기 위한 모색을 할 수밖에 없었다. 그것은 패배가 아니라 패배가 아님을 증명하는 또 다른 방법이었다.

나무 없는 나뭇잎 하나

우리가 평택 공장으로 내려가 처음 한 일은 김밥을 마는 일이었다. 김밥을 밤새 말아 아침에 출퇴근하는 동료들에게 1,000원 한 장 받고 팔았다. 김밥 한 줄로 그동안의 서먹함을 넘을 수 있을까 싶었다. 해고자들의 마음이 전달될까도 싶었다. 동료들은 따뜻하게 김밥을 사줬다. 공장 안팎이 하나로 이어지는 느낌이었다. 뻐근한 어깨만큼 가슴 또한 뭉클했다. 잊고 있지 않았다는 느낌, 과거로의 회복이 그리 먼 얘기가 아님을 느꼈다.

"2009년 쌍용자동차가 행한 정리해고는 무효임을 확인한다." 2014년 2월 7일, 우리는 판결문 한 장을 받아들었다. 76쪽 분량의 판결문이었다. 1,723일 동안 우리를 묶어놨던 정리해고라는 올가미가 벗겨지는 순간이었다. 어쩌면 너무 늦은 판결문이었다. 판결문을 읽어 내려가는 데 5분이 채 걸리지 않았다. 그러나 회사는 즉각 상고 입장을 밝혔다.

쌍용차 문제는 사건이 사건을 덮고 사안이 사안을 압도하고 있는지 모른다. 죽음이 죽음을 덮었고 사건 하나하나가 또 다른 사건 하나하나를 덮어왔기 때문이다. 해결의 실마리는 여전히 엉킨 실타래 속에서 우리의 손길을 기다리고 있다.

어떤 이야기가,

그것이

너무 많이 이야기된 것이므로,

거의 일종의 죄악이라면,

그것은 어떤 시대인가?

– 파울 첼란, '나무 없는 나뭇잎 하나'

2005. 1   중국 상하이차, 쌍용차 인수

2008. 12   노조, 기술 유출 의혹 제기

2009. 1   상하이차 경영권 포기, 법정관리 신청

2009. 4   사측, 2646명(전체 인력의 37%) 감원 계획 발표

2009. 5   노조, 무기한 총파업 돌입, 평택공장 점거(77일)

2009. 5   쌍용차 노동자 정리해고 스트레스로 인한 뇌출혈 사망(첫 사망)

2009. 6   사측, 980명 정리해고 1666명 희망퇴직 추진

2009. 7   정부, 평택공장에 경찰력 투입

2009. 8   노사, 165명(생산직 159명) 정리해고, 2019명 희망퇴직, 459명 무급휴직,
           3명 영업직 전환 최종합의

2010. 11   인도 마힌드라앤마힌드라, 쌍용차 인수

2010. 11   정리해고자 153명(생산직) 서울남부지법에 해고 무효 확인소송 제기

2011. 11   쌍용차 회계자료 등 남부지법에 제출, 회계조작 의혹 본격화

2012. 4   쌍용차 노동자 및 가족 스물두 번째 사망

2012. 4   대한문 앞 분향소 설치

2012. 8   정리해고자 '해고 무효 확인소송' 1심 패소

2012. 12   새누리당, 쌍용차 청문회 공약

2013. 1   쌍용차 노동자 및 가족 스물네 번째 사망

2013. 6   노조 · 심상정 · 은수미 의원 등 회계조작 의혹 재공론화

2013. 11   분향소 대한문 앞에서 평택 공장 앞으로 이동

2014. 2   서울고법, 정리해고 무효 판결(사측 상고)

2014. 4   쌍용차 노동자 및 가족 스물다섯 번째 사망

2

제발 이대로만 살게 해달라

·

밀양 송전탑 이야기

만화 유승하

대학에서 서양화를 공부하고, 만화와 어린이책에 그림을 그리고 있다. 1994년 만화 〈휘파람〉으로 새싹만화상 대상을 받았으며, 여러 만화가들과 함께 인권과 평화를 주제로 한 만화책 《사이시옷》, 《내가 살던 용산》, 《어깨동무》 등을 펴냈다. 그린 책으로는 《아빠하고 나하고》, 《아기오리 열두 마리는 너무 많아!》, 《아가야 울지마》, 《여우 시집가고 호랑이 장가가고》, '김 배불뚝이의 모험' 시리즈 등이 있다.

르포 희정

기록노동자. 르포와 소설을 쓴다. 2011년 삼성반도체 직업병 노동자들의 이야기를 다룬 《삼성이 버린 또 하나의 가족》과 산업 전반의 재해 문제를 다룬 르포집 《노동자, 쓰러지다》를 집필했다. 공동 저서로는 밀양 송전탑 반대 싸움을 하고 있는 주민들의 생애를 다룬 구술집 《밀양에 살다》가 있다. 르포로 조영관문학기금을 수여했고, 소설로 〈한겨레21〉 '손바닥문학상'과 〈민중의소리〉 '민중문학상' 우수상을 수상한 바 있다. 아픈 곳에 사는 사람들의 이야기를, 이왕이면 더 진실하고 솔직하게 기록하고자 애쓰고 있다.

할매야 할배야 밀양 살자

유승하

서울보다 조금 더 큰 땅에 인구는 12만.
전기라곤 텔레비전, 냉장고 쓰는 게 전부인 곳.

이곳 밀양 5개 면에 100미터 높이의 초고압 송전탑 69개가 세워진다.

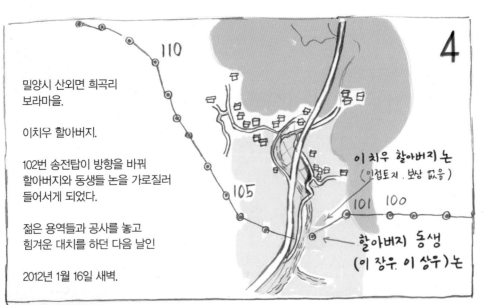

4

밀양시 산외면 희곡리
보라마을.

이치우 할아버지.

102번 송전탑이 방향을 바꿔
할아버지와 동생들 논을 가로질러
들어서게 되었다.

젊은 용역들과 공사를 놓고
힘겨운 대치를 하던 다음 날인

2012년 1월 16일 새벽.

110

105

101 100

이치우 할아버지 논
(인접토지 . 보상 없음)

할아버지 동생
(이 장우, 이 상우)논

할아버지 논에서
송전탑 건설을
준비하고 있는
굴착기

하루아침에 헐값이 된 땅과
칠십 평생 가꾼 삶이 한스러워서
처참한 선택을 하게 된다.

＊밀양에 들어서는 765킬로볼트짜리 초고압 송전탑을 말한다.
도시근교 송전탑의 전압은 154 혹은 345킬로볼트이다.

님비요?

밀양은 전기 안 쓰냐 카던데,
여기 765＊ 들어서면
아예 몬 산다 아입니꺼?

온종일
765 껴안고
우예 삽니꺼?

님비?
님비가
뭐꼬?

마을 한가운데 송전탑.

보상예?
그런 거 애초에
바라지도
않심더.

보상해줄 돈으로
지중화시켜주든가,
사람 안 사는 곳으로
빙 둘러가든가…

그 큰 송전탑 아래선
소도 새끼 못 낳고
사람도 암에 걸린다 카는데
보상으로 됩니꺼?

와 사람 사는 마을을
지나가야 한답니꺼?

밀양 송전탑 이야기　55

9년간 싸워도 끄떡 않는데이.
이래 움막 짓고 있잖나.

같이 묵고 밤에는 번갈아 지새고
그래 지켰다. 추워도 더워도 다 버텼다.

게다가
할매들이 나서서
싸운 기라.

투쟁하는 곳이자
마음을 나누는 곳.

24시간
끼익끼익
귀신소리 같은 게
난다는…
그 뭐더라?

코로나 소음!

송전탑 선 마을엔
전자파 안 좋다고
손주 델꼬도
안 온다 안 카나.

비오는 날
더 심하다
카이.

할매들이 그동안
공부 마이 했다.

공부뿐이가.
내사 마,
옛날 생각만
하믄…

◀◀ REW

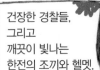

건장한 경찰들,
그리고
깨끗이 빛나는
한전의 조끼와 헬멧.

할머니들은 흙투성이 몸을 사슬로 묶었다.
주름투성이 목마저 매려고 줄을 달았다.
할 수 있는 건 다했다.

하지만…

놔!

놔!

끌어내

공사하지 마!

부북면 평밭마을

송전탑 숲이 되어버린 마을.
이제 어쩔 수 없는 걸까?

내 땅 내 마을에
살게 두라는데
벌목되는 나무처럼
베어져야 하나.

2013년 12월, 할아버지 또 한 분이 세상을 등졌다.
할아버지네 돼지축사가 송전탑과 불과
150~200미터 거리가 되었다는 말을 듣고서다.

"765… 내 재산 지키려고…
내 자식들… 28년 동안… 돼지 키우고…
우리 집 앞에 765 지나가면
내만 죽는 게 아니라, 다… 죽는다."
유한숙(74)

서울의 밤하늘에는
별이 보이지 않습니다.
별 없는 도시는 영혼이 없지요.
– 단장면 김정희

여리게 빛나는
밀양의 마을들,
어둠에 묻히지는 않을까.

도시의 밤을 화사하게 밝히고
제값보다 반이나 싼 전기를
공장에 보내는 동안,
밀양 할매 할배 들은
길지 않은 여생을 내놓고 있다…

우리 재미있게
오순도순 엎드려 사는데
희정

제 나이 스물여섯 살에 평밭에 터를 잡아 자식 6남매 낳고
온 식구 배곯아가면서 손바닥만 한 땅 한평생 일구어
늘그막에 영감 할멈 마음 편히 살아볼까 하는데
고압 철탑이 웬 말입니까.

– 밀양시 부북면 대항리 주민

1

"무슨 농사를 지으세요?"

김영자 총무를 처음 만났을 때, 농사짓는 사람에게 흔히 건네는 질문을 했다. 그러나 사뭇 의미가 달랐다. 한창 논에 물대기 바쁜 5월 말, 그녀를 만난 곳은 산 중턱이었다. 여수마을 뒷산 꼭대기에 오르면 포클레인이 하나 있다 했다. 그 포클 레인 앞에 마을 주민 열댓이 모여 앉았다. 농사는 않고 다들 거기 가 있다.

"농사예?"

가파른 산을 오르는 일이라 같이 온 일행은 이미 뒤쳐졌는데, 오십 줄인 그녀 는 숨 한번 헐떡이는 일 없었다.

"오만 거 떼만 거 다 지어예."

흙범벅 된 운동화가 그녀의 일상을 대신 말해주었다.

"떼만 거요?"

"이것저것 다 짓는다는 걸 우리는 그리 말하는 기라예."

그러고는 깔깔거렸다. 목청 좋은 웃음이다. 허리를 곧게 펴고 걷는 품새가 씩씩했다. 부녀회장만 11년 역임한 경력이다. 지금은 밀양765kV송전탑반대대책위원회(이하 대책위)에서 총무를 맡고 있다. 그녀는 힐끔 뒤를 보더니 외쳤다.

"3분간 휴식."

마치 등반대장 같은 모습이다. 그 말에 기다렸다는 듯 다들 주저앉았다.

"앉았다가 다시 일어나 가려면 더 힘듭니다."

지나온 길을 보니, 좁고 비탈지다. 흙길이 미끄러워 힘이 더 들어간다. 매끈한 흙바닥은 여수마을 노인들의 엉덩이 솜씨라 했다.

"여기를 도저히 걸어 내려올 수가 없으니 비닐 깔고 엉덩이 비비고 미끄러져 내려오는 거라예. 그래서 비닐에 쓸려 길이 이런 거 아니랍니꺼. 올라갈 때도 허리 굽은 양반들이 네 발로 기어 올라오는데, 그거 보면 얼~마나 화가 납니꺼."

마침 한 노인이 땅에 엉덩이를 바짝 대고 내려오는 중이다. 들은 대로 손이건 발이건 흙바닥에 가 있다.

"할매요, 가십니꺼."

노인은 김영자 총무를 보더니 멈춰 섰다. 그러더니 주저앉았다. 가방을 열어 주섬주섬 꺼낸 것이 파스 한 장이다. 산길에서 옷을 걷어붙인 노인의 등에 파스가 붙는다. 방금 전 김영자 총무가 한 말이 머리를 치고 갔다. "얼마나 화가 납니꺼." 노인들은 가파른 산길을 매일같이 오르내린다고 했다.

노인은 다시 기다시피 내려가고 일행은 꾸역꾸역 산에 오른다. 노란색 포클레인이 눈에 들어왔을 때, '이곳이구나' 한다. 124번[1] 송전탑이 세워질 부지. 포클레인 앞에 할머니들이 돗자리 두어 개를 붙이고 옹기종기 모여 앉았다. 포클레인이 움직이지 못하면 공사가 진행되지 않을 거라는 생각에서다.

2003년 한국전력(이하 한전)은 신고리 3호기 전력을 이송할 765킬로볼트(kV) 송전탑 부지에 밀양의 부북·단장·산외·상동 4개 면도 포함시켰다. 2007년 지식경제부로부터 공사 승인이 떨어지고, 다음 해 한전과 계약을 맺은 시공사들이 밀양에 들어왔다. 그때부터 싸움이었다. 한전은 공사를 밀어붙이다가 주민들의 반발이 거세지면 합의 테이블을 만드는 모양새를 취했다. 그러다 잠잠해지면 공사를 재개했다. 이 일이 십여 차례 반복됐다.

2013년 5월 20일, 또다시 공사가 시작됐다. 노인들은 산에 올랐다. 사이를 비집고 앉으니, "밥은 묵었나?" 물음이 온다. 노인들은 아침 챙길 시간도 없이 새벽에 길을 나섰다고 했다. 늦봄 태양은 일찍도 떴다. 이른 아침인데도 땡볕이다. "안 묵었나?" 건넨 반찬통에는 김치부침개가 들어 있었다. "아래 새댁이 해 왔다 아이가." 두런두런 이야기를 하며 '노놔 먹는' 품이 농촌 새참만 같다.

한가한 감정은 부침개를 집어 드는 순간, 끝이 났다. 부침개가 찼다. 노인들을 돌아봤다. 주름진 얼굴이 검다. 일흔은 되어 보이는 나이들. 한뎃잠을 자고 이렇게 찬 음식을 넣어도 되는 걸까. 경찰이나 한전 용역들에 막혀 다시는 못 올라올지 모른다는 걱정에 산을 내려가지 않고 밤을 지새운 노인들도 있다고 했다. 그네들의 걱정은 공포에 가까웠다.

"송전탑 충돌, 80대 할머니 실신", "밀양 송전탑 갈등… 목줄 걸고 '살려달라'", "몸에 쇠사슬 묶고 시위 벌이는 주민들", "밀양 송전탑 현장서 '목숨 건 전쟁' 벌이는 노인들" …… 뉴스 헤드라인이 이러한 글귀들로 채워진 것은 공사가

----

1) 한전의 계획대로라면, 밀양에는 81번부터 149번까지 총 39.15km에 69기의 송전탑이 세워질 예정이다. 송전탑의 번호는 신고리 원전 가까운 곳에서부터 순서대로 매겨진다.

재개된 첫날부터였다. 마을 주민들이 하루에 두 명꼴로 응급차에 실려 갔다. 땡볕 아래서 악을 쓰고, 몸부림을 치고, 맞고 다치니 늙은 몸이 병원 말고 갈 곳이 없다. 평화로워 보이는 이곳도, 한전 직원들이 포클레인에서 노인들을 떼어내려고 하는 순간 무슨 일이 일어날지 예상할 수 없다.

그동안 밀양은 숱한 폭행, 욕설, 모욕에 시달렸다. 한전이 고용한 용역들은 노인들을 밀쳤다. 감금했다. 욕과 반말은 예사였다. 고립된 산에서 싸움이 벌어지고 대부분 여성인 탓에 성적인 폭력도 만연했다. 여성의 몸을 장정 여럿이 깔고 눌렀다. 비구니 스님의 음부를 주먹으로 내리치는 일도 벌어졌다. 한전 직원들에게 둘러싸인 팔십 먹은 노모가 그들의 코앞에서 옷을 내리고 소변을 봐야 했다. 밀양서 경찰은 불러도 오지 않았다. 외지에서 온 의경들만 가득했다.

검은 전투복을 입은 의경들. 가파른 길이 젊은 그들에게도 버거웠는지 얼굴이 벌겋다. 그 길을 허리가 ㄷ자로 꺾인 노인이 지팡이를 짚고 올랐다. 여기, 공사를 막겠다고 산을 오른 사람들의 나이가 심상치 않다. 밀양식 표현으로는 다 '나 많은(나이가 많은)' 사람들이다. 처음에 이들은 움직이지 않았다.

"나랏일은 아무도 못 막는다."

그러니 포기하라 했다. 나라에서 쥐를 잡으라면 쥐꼬리를 모으고, 초가지붕에 슬레이트 기와를 얹으라면 얹었다. 새마을운동에 모범을 보였다고 나라님이 오셔서 손 한번 잡아주면 그 손 며칠씩 못 씻는 사람들이었다. 나랏일에 반대하는 빨갱이가 어떻게 몰살되는지 보아온 사람들이었다.

그런 노인들이 몸 사리지 않고 산에 오르게 된 계기는 농협 대출 건이었다. 농협에 대출을 받으러 갔다가 빈손으로 돌아온 것이다. 농협은 대출을 해줄 수 없다고 했다. 송전탑이 인근에 세워진다는 이유였다. 현금을 손에 쥘 수 없는 농민들에게 다음 해 농사 자금은 다 빚이었다. 대출을 받아야 다음 해 농사를 짓고, 애들 학비를 내고, 아프면 병원도 갔다. 그런데 이제 땅은 담보조차 될 수 없다고 했다.

마을이 발칵 뒤집어 졌다. 어떻게 모은 땅인데. 손발 곯도록 만든 땅의 가치가 사라졌다.

설마 하며 밀양 주민들은 송전탑이 이미 세워진 지역을 찾았다. 그 지역 사람들은 경매에 넘겨진 집을 보여줬다.

"저 아래 땅이 여기(송전탑 인근 집)서 200미터 떨어졌죠. 저기 땅 하나가 엊그저께 매매됐더라고요. 그런데 13년 전 가격으로 됐어요."

송전탑 공사 이후 잦아졌다는 산사태로 인해 무너진 집도 보여줬다. 흙투성이가 된 집 앞에서 밀양 주민들은 입만 벌렸다. 일부에서는 보상금을 더 받으려고 하는 싸움이라 치부하지만, 이들에게 땅이 어떤 의미인지 모르고 하는 소리다. 김영자 총무는 고개를 저었다.

"내가 진짜 물, 밥, 김치에 된장하고만 먹을 때가 있었어요. 진짜 어려웠어요. 이렇게 살기까지 내가 일을 얼마나 했겠습니까? 진짜 잠 안 자고 일 했다 할 정도로 해서 땅도 저렇게 조금 사게 되고. 그렇게 이룬 살림살이입니다. 이게 지금 대출도 안 내주는 제로 상태잖아요. 이 나이에도 그걸 포기 못 하겠는데, 나이 드신 분들, 지금 꼬부랑해가지고 허리도 다리도 못 써서 기어다니는 그런 분들이 과연 내 살림, 내 조상 대대로 이어오던 땅 한 뙈기를 포기할 수 있겠습니까?"

안 쓰고 안 입고 돈이 생기면 땅부터 사는 것이 농민이다. 한전 측 현장 책임자들은 법대로 공사허가를 받고 보상을 했는데, 뭐가 문제냐고 되물었다. 눈을 부리며 오히려 주민들이 공사를 방해하는 '불법 행위'를 하고 있다고 했다. 농민들에게 땅이 어떤 의미인지 생각도 않은 채 법 집행만을 외치는 행위가 얼마나 무례한 것인지 그들은 모르고 있었다.

심지어 절차에도 어긋났다. 밀양 주민들은 자기 터전에서 벌어지는 공사를 허락한 적이 없다. 한전은 밀양 4개 면을 송전탑 부지로 선정하고도 주민들에게 제대로 설명하길 피했다. 주민설명회가 면별로 1회씩 진행되었고, 2만 명이 넘는 주민들 중 총 126명이 참석하였다. 다른 사람들은 무엇이 어떻게 열리는지도 몰랐다. 그때까지 밀양 주민들이 생각한 765킬로볼트 송전탑이란 전봇대와 다를 바 없었다. 고층 아파트 2개를 이어놓은 크기의 76만5,000볼트(V)의 초고전압 전달체임은 꿈에도 생각하지 못했다. 지나는 버스가 하나, 구멍가게도 하나 있는 마을에 그런 것이 들어올 이유가 없었다.

　설명회는 '송전탑은 건강상 문제가 없다', '보상은 충분히 이루어진다', '마을 발전기금이 주어진다' 등의 감언이설로 채워졌다. 송전선로를 따라 이동하는 전자파는 인체에 축적되지 않는데다가 국제기준 '833밀리그램(mg)'을 넘지 않아 안전하다고 했다. 그러나 833밀리그램이라는 기준은 단시간에도 인체에 위험을 미치는 '단기간 고노출 국제 허용치'이다. 단 한 차례 짧은 시간 노출되더라도 인체에 영향을 줄 수 있는 높은 농도의 기준치를 송전탑 인근에서 365일 지내야 하는 주민들에게 제시한 것이다. 숨긴 것은 그뿐만이 아니었다. 한전은 송전선 인근 주민의 건강 문제를 우려하는 내부보고서를 숨겼다. 2010년에 제출된 한전의 보고서(《가공송전선로 전자계 노출량 조사연구 보고서》)에 따르면 765킬로볼트 송전선으로부터 80미터 이내에 거주하는 어린이의 경우 백혈병 발병률이 3.8배가량 높았다. 전자파가 암을 부른다. 한전은 위험을 알고 있으나 말하지 않았다.

　말할 수 없다. 설명을 할수록 자신들에게 불리한 상황이었다. 한전은 마을 주민들과 공정 교환을 할 생각이 없었다. 애초부터 보상은 적절하게 이루어질 수 없었다. 하락한 땅의 가치, 주민들의 건강, 파괴된 환경은 한전이 보상할 수 있는 수준의 것이 아니었다. 송전탑이 들어온다는 말만으로 송전선로 좌우 1킬로미터 이내의 부동산 거래가 끊어지다시피 했는데, 한전이 정해둔 보상 기준에 송전선 인근 땅은 고려조차 되지 않았다. 송전탑이 세워지는 땅도 마찬가지이다. 보상을 받는다 하더라도, 아파트만 한 송전탑을 옆에 두고 집을 지을 수도 가축을 키울 수도 농사를 지을 수도 없다. 그 아래서 키운 쌀과 채소를 누가 사 먹으려 할까. 이런 송전탑이 논 한가운데, 초등학교 뒤, 면사무소 근처에 세워질 계획이다. 몇 푼의 보상으로 끝날 수 있는 문제가 아니었다.

한전은 보상과 절차가 아닌 '힘'을 선택했다. 거대한 철 구조물이 일단 세워지면 그것으로 끝이라 여겼다. 결국 공사 강행은 사람 목숨을 걸게 했다. 2012년 1월 보라마을 이치우 어르신이 몸에 불을 붙였다. 일흔넷의 노인이 스스로 목숨을 끊은 게였다. 삼형제의 논 한가운데 송전탑이 세워진다고 했다. 시가 4억짜리 땅에 보상금이 6,000만 원이었다. 거부하였으나 한전은 법원에 공탁금을 걸고는 이제 한전 땅이라 했다. 허락한 적 없으나 논에 한전 인부가 들어오고 담장이 쳐졌다. 봄이면 다시 물길을 내야 하는 논이었다. 한전이 고용한 용역들은 마을사람들에게 욕을 하고 돌을 던졌다. 한 땅에 나고 자라 마을 뒤편으로 아버지의 아버지를 이고 살아온 이가 늘그막에 기대한 삶은 이런 모욕이 아니었다. "내가 죽어야 이 문제가 해결될 것 같다"며 이치우 어르신은 몸에 불을 붙였다. 경찰은 그의 죽음을 짚단에 불을 붙이다가 실수로 타 죽은 것이라 발표했다. 마을 주민들은 50여 일 동안 영안실 앞을 지켰다.

그때 이후로 주춤했던 공사가 다시 시작됐다. 정부는 더는 공사를 늦출 수 없다고 했다. '전력난'의 위험이 있다고 했다. 마을 아래에서 경찰버스 수가 늘고 있다는 연락이 왔다. 충돌이 있을 거라는 소리였다. 하지만 미동하는 노인이 없었다. 다들 〈밀양 송전탑 아리랑〉 노랫가락만 읊었다.

"내 한평생 나고 자라 농사만 짓고 사는데, 논 한복판 마을길에 송전탑이 웬 말. 아리아리랑 쓰리쓰리랑 아라리가 났네. 이내 억울함 누가 아나 아무도 몰라."

그것이 한 시간이 되고 두 시간이 되어, 결국 태풍을 알리는 비가 와 공사인부들이 철수를 한 뒤에도 이어졌다. 노인 몇이 산에서 내려오지 않겠다고 자리를 지키고 앉았다. 혹여나 저들이 비를 뚫고 공사를 하지 않을까 하는 불안에 내려갈 수 없는 게였다. 그제야 깨닫는다. 올라오는 경찰들을 보고도 아무 행동도 취하지 않은 것은 실은 할 수 있는 게 아무것도 없기 때문임을. 돌아서 갈 길이 없다. 그네들은 앙상하고 굽은 몸으로 자신들의 땅을 지키는 것 말고는 할 수 있는 것이 없다. 지키지 않고는 살 수가 없다. 누군가에는 자신이 살아온 인생을 헝클어놓은 강탈이었다. 강탈당한 삶. 송전탑 문제에 있어 '정당한 보상'이란 없다.

비가 내린 그날로부터 공사는 한동안 중단됐다. 장마철이었다. 노인들을 상대로 한 공사에 여론의 압박을 느낀 한전은 대책위와 전문가협의체를 구성하여 40일간 밀양 송전탑 건설의 타당성 여부를 가리기로 합의했다. 그중의 한날, 포클레인에 쇠사슬로 몸을 묶었던 노인들이 있다. 동화전 주민이었다. 할머니 넷이서 공사를 막는다며 포클레인에 쇠사슬로 몸을 묶었다. 버텨볼 요량이었지만, 순식간에 한전 직원들에 의해 들려 나왔다. 철을 자르는 공구가 노인들의 몸을 지나 쇠사슬을 끊었다. 끌려 나오는 과정에서 신발이 벗겨졌다. 맨발을 잡히고도 발버둥쳤지만 소용없었다. 포클레인 쇳덩이에 머리가 부딪쳐 정신을 잃었다.

"이게 법인가. 대한민국 법이 이런가."

"참말로 억울하다. 억울해. 우리가 왜 저거한테 이래 당하고 살아야 하는데."

노인들은 악을 쓰며 울었다. 포클레인은 저 멀리서 땅을 헤집고 있었다. 앞은 한전 용역들로 가로막혔다. 한 노인이 길 끝으로 가 섰다. 반걸음 앞은 낭떠러지와 다를 바 없이 가파른 경사였다. 전경들 손을 뿌리치는 모습이 위태했다.

그런 노인이 공사가 멈춘 잠시의 평온 속에서 말했다.

"전문가협의체 결과가 어떻게 나올지……. 공사만 중지돼봐라, 10일 동안 한 거 옛날이야기 하듯이 웃으면서 이야기할 수 있다."

노인의 바람은 이루어지지 않았다. 웃는 날은 아직 오지 않았다.

2

"1주일 동안 하루에 두 명씩 할머니들이 실려 갔습니다. 이게 한 달이면 어떻게 되겠습니까?"

5월 한전의 공사 강행을 보며, 대책위 김준한 신부가 한 말이다. 그리고 그 '한 달'은 실제가 되었다. 전문가협의체에 참석한 전문가들 일부가 한전의 문서를 그대로 베낀, 아니 문서 파일명만 바꾼 보고서를 국회에 제출했다. 이 사실이 밝혀지고 협의체는 무산됐다. 한전은 공사를 재개했다. 그해 10월 2일 일이었다.

감나무에 감이 쨍쨍하게 달려 농민들 손이 제일 바쁘다는 가을, 한전 직원들이 밀양에 들어왔다. 경찰 3,000여 명도 함께였다. 주민들은 공사현장 근처에도 갈 수 없었다. 가는 길목마다 경찰이 막고 섰다. 아예 마을 입구부터 섰다. 길목마다 선 경찰의 모습은 계엄령을 연상시켰다. 경찰의 주둔은 국가가 누구의 편에 섰는지를 보여주었다. 이전까지 '중재자' 시늉이라도 내던 정부의 모습은 사라졌다. 한전 차량이 들어올라 치면, 경찰은 주민들을 끌어냈다. 사지가 들리고 혼절을 했다. 손목이 비틀리고 머리가 깨졌다. 공사 자재가 지나가는 동안 주민들은 경찰에 둘러싸여 감금됐다. 경찰은 충돌을 막기 위해 주둔한다지만, 늘 경찰 주변에서 충돌이 일어났다. 10월 한 달에만 50여 명의 부상자가 나왔다.

그러고도 몇 달이 지났다. 숱한 부상보다 더 끔찍한 것은 조용한 세상이었다. 한전은 공사를 멈추지 않았다. 기성언론은 밀양 문제를 심도 있게 다루지 않았다. 길어진 싸움에 여론은 지쳐갔다. 멀리서 사람들은 솟아오른 송전탑을 보며 생각했다. 밀양 문제는 이제 해결된 거야?

해결된 것은 없었다. 5월, 탈의시위로 화제가 되었던 평밭마을 노인들은 그 후로 몇 번을 반복해야 했다.

"그 자리에 숨을 뚝 멈춰야겠는데 그럴 순 없꼬 옷을 벗었어. 옷을 벗어가꼬 이렇게 (옷으로) 치고 들어갔어. '손대지 마라 성추행이다, 이 개새끼들아' 하면서. 그 모습을 보고 여든두 살 할매가 내가 너무 불쌍하니깐 같이 홀딱 벗어뿐기라. 내가 옷을 벗을 때 그 마음은 어땠겠노?"

평밭마을 야전사령관이라는 별명이 붙은 한옥순 여사는 그리 말했다. 노인 한둘이 몇 십 명의 장정을 감당할 수는 없었다.

"정말로 땅이 꺼지고 하늘이 무너지는 그런 심정으로 옷을 벗었어."

그 마음이 그칠 날이 없었다.

죽음 또한 반복됐다. 이치우 어르신이 떠나고 2년도 지나지 않은 2014년 1월, 일흔 넘은 노인이 제초제를 마셨다. 상동면 고정마을에서 돼지 농가를 하던 유한숙 어르신이다. 한 날 공무원이 왔다. 축사가 송전선로의 보상 대상에서 제외된다는 이야기를 하러 온 게였다. 축사가 송전탑과 그리 가까이 있다는 것도, 보상조차 못 받는다는 것도 처음 듣는 소리였다. 억 단위 돈을 투자한 농장이었다. 송전선에서 나오는 전자파가 가축의 수태를 어렵게 한다는 것은 알려진 사실이었다. 며칠 후 그는 "살아서 그 꼴을 볼 바에야 죽는 게 낫다"며 음독을 했다.

유한숙 어르신이 운명한 날 아침에도 한전의 공사는 계속 됐다. 송전탑 때문이라는 유언을 들은 경찰은 가족불화로 인한 자살이라 사인을 발표했다. 분향소 하나 곱게 세울 수가 없었다. 천막을 세우지 못하게 경찰은 물품을 빼앗았다. 주민들이 주저앉아 천막비닐을 덮자 찢어버렸다. 머리 위로 칼이 지나갔다. 그때도 숨을 뚝 멈춰야겠는데, 할 수가 없어 평밭마을 노인들은 옷을 벗었다. 밀양 시내 한복판이었다.

산악대 대장 마냥 씩씩하던 김영자 총무는 그사이 얼굴이 핼쑥해졌다. 딸 결혼사진에서 보았던 고운 한복차림의 그녀가 어른거렸다. 걸걸한 음성 사이로 말보다 웃음이 많았는데, 웃음소리를 도통 들을 수 없었다. 여수마을 뒷산에 송전탑 하나(125번)가 솟아올랐다. 5월, 포클레인을 두고 한전과 대치하던 124번 부지도 곧 공사가 완료될 것이라는 소문이 돌았다. 한전은 9개의 송전탑 조립이 완공되었다고 발표했다.

자신을 막고 있는 전경에게 사탕을 하나하나 '노놔' 주며 "우리 막을 때 설렁설렁만 막아도" 하던 아낙도, 독기밖에 없던 싸움의 순간에 전경 팔을 잡아당기고는 미안해서 한참을 쫓아다니며 "진짜 아픈 거 아니냐?" 물었다는 할머니도 오랜 공사에 지쳤다. 입이 거칠어지고, 눈물이 많아졌다. 한 노인은 경찰이 오는 소리만 듣고도 오줌을 지렸다고 했다. 무서운 싸움은 끝날 줄 모르지만 사람들은 쉽게 물러서지 않았다.

그네들은 돈도 보상도 필요 없다고 했다. 바라는 것은 단 하나였다.

"우리가 돈을 달라고 하나, 쌀을 달라나, 밥을 달라나. 우리 재미있게 오순도순 엎드려 사는데 이대로만 살게 해달라. 이대로만."

평온한 삶이 크게 망가졌다. 끝이 보이지 않는 폭력과 모욕이 두렵고, 송전탑이 완공되는 끝이 올까봐 두렵다.

3

희망을 어디서 찾아야 할지 모르는 날들이 계속된다. 한전은 돈과 힘으로 밀어붙인다. 여전하다. 노인들은 굽은 무릎을 끌며 송전탑 공사현장으로 향한다. 그런데 반복되는 폭력과 절망 속에서 변한 것은 정작 우리이다. 밀양 싸움이 소란해지며, 사람들은 눈을 돌렸다.

원자력발전소가 들어오면 부자 된다고 꽹과리 치고 좋아하던 시절이 있었다. '공해라도 좋으니 좀 배불리 먹고 싶다'던 때였다. '수출 100만 달러'를 목표로 달렸고, '산업역군'들이 토한 피에는 환기시설이 없어 밖으로 빠져나가지 못한 실밥들이 엉켜 있었다. 닭장 같은 방직공장에서 역군들이 밤을 새워 일할 때, 그네들의 인권과 행복 따위는 경제 발전을 위해 반납되었다.

영화 〈아름다운 청년 전태일〉을 보면, 근로기준법을 준수하도록 강제하라는 방직공들의 요구에 공무원은 이렇게 답한다. "80년대가 되면 당신들 자가용 굴리고 잘 살 수 있는 나라가 돼." 그러니 인내하라 했다. 허리띠를 졸라 매라 했다. 그 말을 하는 공무원의 허리띠는 멀쩡해 보였다. 방직공장의 사장도, 수출 100만 달러를 목표로 달려가는 기업주들의 허리도 갑갑해 보이지 않았다. 그들이 졸라매려는 허리띠의 주인은 따로 있었다.

세월은 흘러 많은 사람이 자가용 하나쯤은 가지고 있는 시절이 되었다. 빌딩은 높아갔다. 무엇이든 부족했던 시절은 잘 상상이 되지 않았다. 풍요로웠다. 전기마저 예외는 아니었다. 밤조차 밝았다. 도시의 밤을 밝히기 위해 전기는 쉬지 않고 달렸다.

그러나 우리는 전기가 '수백 킬로미터를 지나면서 얼마나 많은 곳을 폐허로 만들어 버리는지'[2]에는 관심을 두지 않았다. 전기가 달리는 길목에 송전탑이 세워지고, 그 시작점에 발전소가 놓였다. 발전소 주변에는 분진이 날리고, 바다가 오염되고, 핵폐기장 지반에 금이 간다는 무서운 소문이 있었다. 송전탑 아래 사는 사람들은 암을 유발한다는 전자파를 두려워했다. 두려움은 긴 싸움으로 이어졌고, 밀양 주민들의 악 쓰는 소리가 우리의 귀에 들려오고야 '보상금 때문에 저러는 거야?' 힐끔거렸다. 사람 하나가 목숨을 끊고 노인들이 흙바닥에 질질 끌려 나오고서야 '저기 문제가 있나 보네' 하며 고개를 돌렸다.

도시민들의 반성이 필요하다는 이야기가 나온 것은 그 즈음이었다. 수도권에서 소비하는 전기는 전체 전력생산량의 38퍼센트. 밀양이 속한 경상남도 지역이 사용하는 전기량의 4배를 서울이라는 도시가 소비했다. 그러나 서울에 세워진 발전소는 고작 하나(당인 화력발전소). 전력자급률 1퍼센트인 도시에 전기를 보내기 위해 자급률 190퍼센트인 영남권이 발전소와 송전탑을 받아들여야 한다. '서울의 전기 식민지'라는 말이 돌았다.

밀양 노인들은 화가 나 "전기가 그리 좋으면 송전탑을 서울로 다 가지고 가라"고 했다. 그래 놓고도 "사람 많은 데가 전기 많이 쓴다고 거기다가 세우라는 것도 잘못된 기다" 하고는, "도시의 밤이 너무 밝아 원망스럽기 보다는 슬프다"[3]

----
2) 박경미, '밀양 송전탑건설과 민주주의', 한국일보, 2013.5.21.

고 했다.

도시의 뒷골목에는 또 다른 슬픔이 있었다. 밤에도 환한 도시에서 사람이 얼어 죽었다. 전기장판조차 켤 수가 없어 몸이 차갑게 굳었다. 그들의 몸이 어는 동안에도 도시의 전력 수요는 치솟았다. 사용량이 넘쳐 도시에 대규모 정전사태가 일어난 해도 있었다. 휘청거리는 사치와 목숨까지 요구하는 빈곤이 공존하는 도시였다. 전기는 도시에서조차 공평하지 않았다.

정전사태를 겪은 정부는 전력 예비율을 높이겠다고 했다. 현재 남한의 원자력 발전소는 23개, 화력과 가스열병합 발전소도 170여 개, 그에 따라 세워진 송전탑 수가 3만9,000여 개다. 이것으로 부족하다 했다. 밀양 송전탑 공사를 강행하겠다고 밝혔다. 밀양 주민들이 말하는 대안(송전탑 우회나 지중화)을 고려하기에는 전력대란이 걱정된다고 했다. 밀양 주민들이 이에 반대하자, 정부는 3,000여 명의 경찰을 주둔시켰다.

이러한 정부의 태도는 꽤 유서 깊다. 1978년 만들어진 이래 현존하는 〈전원개발촉진법〉에서 그 근원을 찾을 수 있다. 송전탑 건설에 있어 기본이 되는 이 법은 정부의 승인만으로 전원 사업자가 〈도로법〉, 〈산지관리법〉, 〈농지법〉, 〈원자력안전법〉 등 19개 법률의 규제 사항을 자동적으로 면제받도록 하였다. 전원 사업자에게 토지강제 수용권까지 주었다. 땅 소유자가 동의하지 않아도 땅을 강제로 빼앗아 공사를 가능토록 하는 것이다. 밀양에 주둔한 경찰과 한전 직원들이 합법적인 공사라며 큰소리 칠 수 있는 까닭이 이 법에 있었다.

박정희 정권이 만든 〈전원개발촉진법〉은 전력산업 발전에 거치적거리는 것을 최대한 제거하겠다는 국가 의지의 산물이었다. '자가용 굴리고 잘 살 수 있는'

----

3) 북부면 주민 김사라 할머니의 구술, 《전기는 눈물을 타고 흐른다》, 나눔문화

경제발전의 동력이기도 했다. 기반산업인 에너지를 국가 통제 하에 저렴한 가격에 기업에게 주고, 기업은 이를 바탕으로 최소한의 비용으로 상품을 만들어 수출했다. 그것이 경제발전이었다. 최소한의 생산비를 위해서 국가는 많은 것을 억압했다. 임금과 복지를 낮추어 노동자들의 허리띠를 졸라맸다. 저임금을 유지하기 위해 노동자의 주식인 농산물의 가격 상승을 통제했다. 농사가 돈이 될 수 없었다. 농민들은 도시로 떠나야 했다. 도시로 가 임금노동자가 됐다. 고향에 남은 이들은 한평생 땅에 엎드려 살았다. 안 먹고 안 입고, 돈이 생기면 논밭을 샀다. 30년이 지나 이제 먹고 살 만해지니, 논밭에 송전탑이 들어온다고 했다. 토지를 강제 수용하고 몇 푼의 보상금으로 만족하라고 했다. 그러는 사이 은총을 받은 기업들은 승승장구 성장했다.

세계금융위기로 대부분 국가들의 산업 활동이 줄어든 2009년, 한국만 산업용 전기 사용이 12.9퍼센트 증가했다. 늘어난 전기 수요는 줄어들 줄 몰랐다. 값싼 전기를 사용하는 기업은 절약의 필요성을 느끼지 못했다.

한전은 기업에 전기를 원가보다 저렴하게 제공한다. 대기업들에겐 계절별, 시간대별로 다양하게 할인 혜택도 준다. 높은 전력을 사용할수록 가격을 저렴하게 책정한다. 전기 사용이 줄어들었을 경우에 격려금도 준다. 그 비용이 한 해 500억 원이다. 배려는 여기서 그치지 않는다. 한전은 민자 발전소에서 전기를 1킬로와트당 평균 163원에 구입해, 기업에 평균 93원에 제공한다.(2012년 기준) 민자 발전소란 한전의 자회사인 '한국수력원자력'에 전기를 제공하는 민간 기업인 포스코에너지, SK E&S, GS EPS, GS 파워, MPC율촌 등을 가리킨다. 이들은 현대, 삼성, GS, SK 기업의 자회사들이다. 기업은 이중으로 이익을 가져가고, 한전은 이중 부담을 안는다.

밑 빠진 독이 된 한전은 50조의 부채를 안고 있다. 재정상태가 나쁘니, 효율을 찾게 된다. 한전 입장에서는 밀양 주민들이 그토록 반대하는 765킬로볼트 송전탑이 '효율'이다. 기존 345킬로볼트 송전탑보다 3배 이상의 효율을 가지는 송전탑. 전압이 높기에 손실되는 전류도 적고, 소요되는 용지도 최소화 할 수 있다. 높은 전압이 불러올 몇 배나 높아질 위험 같은 것은 고려 대상이 아니다.

송전탑을 짓는 과정에서도 효율을 따지게 된다. 마을과 멀리 떨어진 산에 송전탑을 지으면 헬기로 장비를 이동해야 하는데, 소방헬기 대여 비용이 만만치 않다. 운송 도로를 새로 내는 것도 문제다. 땅을 사들여 도로를 만들어야 한다. 한전은 계산한다. 마을 인근에 송전탑을 세우고 보상액을 몇 푼 더 얹어주는 것이 싸게 먹힌다. 계산 끝에, 마을사람들을 붙잡고 돈을 세며 설득한다. 원만히 해결되지 않아도 그들 뒤에는 국가가 있다. 법도 공권력도 그들의 편이다.

국가와 한전은 전기 수급이 원활해질 것이라는 말을 앵무새처럼 반복한다. 수십 년 전과 다름없이 인내하라 한다. 허리띠를 졸라 매라 한다. 그 말을 하는 한전 사장의 허리띠는 멀쩡해 보인다. 정부 관료의 허리띠도 갑갑해 보이지 않는다. 효율도 특정 대상만을 향한다. 고 이치우 어르신 삼형제의 땅에 세워질 송전탑은 원래의 경로를 이탈한 것이었다. 일직선으로 가던 송전탑 경로가 갑자기 'ㄷ'자로 꺾였다. 직선으로 갈 경우 하나면 되는 송전탑이 3개나 더 필요했다. 송전탑 하나를 세우는데 35억이 든다면서 경로를 우회해달라는 마을 주민들의 요청을 뿌리친 한전이었다. 소문이 돌았다. 원래 송전탑이 가야 할 부지에 당시 밀양시장 조카 소유의 땅이 있었다는 것이다. 이상하게도 송전탑은 국회의원, 기업인, 재단의 소유지에는 세워지지 않는다. 남의 논 한가운데도 세워지는 송전탑이 그런 땅은 잘도 피해갔다. 언제나 그렇듯 허리띠를 졸라매야 하는 사람들은 늘 정해져 있다.

송전탑 공사 강행을 앞두고, 높으신 분들의 허리띠가 얼마나 멀쩡한지 보여주는 사건이 터졌다. 신고리·영광 원전에서 불량부품이 발견됐다. 무려 290가지 품목, 8,601개 부품, 그리고 위조된 품질인증서, 성적서 또한 드러났다. 부품의 고압·고열 테스트에 냉각수가 아닌 수돗물을 사용했다. 누군가 눈감아 준 것이다.

부품업체 검증을 신뢰할 수 있는 검사가 아닌 '사과상자'로 대체했다. 미진한 검사, 위조된 성적서, 불량부품의 결과는 미작동이었다. 신고리 1호기 같은 경우 시운전 도중에만 8번의 고장이 발생했다. 우리는 원자력발전소 사고의 파장을 옆나라 일본을 통해 충분히 보았다. 한번 작동시키면 4년을 끓는 것이 핵 원료라고 했다. 고장이 나는 순간, 그것은 원자폭탄이라 불러도 좋을 것이다. 그런데 국내 운영 중인 21개 원전 중 고장이 한 차례도 나지 않은 곳은, 없다. 2000년 이후 한 해 평균 원전 고장 횟수는 10번. 앞서 언급된, 고령을 자랑하는 월성 1호기는 고장횟수만 50여 번이다.

불량부품 덕에 한국수력원자력(한수원)의 비리가 드러나고, 원전 마피아라는 말도 심심찮게 나오게 됐다. 원전을 둘러싼 성벽은 높다. 성벽 안 사람들은 영업기밀, 전문영역이라는 말을 외며 바깥사람들이 안을 들여다보는 것을 꺼린다. 발전소는 우리가 막연히 생각하듯 엘리트 공학자의 이론과 공식만으로 구성되지 않는다. 원자력발전소 건설은 거대 토목·건설 회사가 들어와야 가능한 일이고, 숱한 정부 승인이 필요한 일이다. 거대 건설기업과 전력업계 기업은 물론, 이들을 최대 광고주로 모시고 있는 언론사, 퇴직 후에 원전 관련 기업으로 재취업을 기대하는 관계부처의 관료들, 정치헌금을 기대하는 정치가들, 교수 자리를 유지하고 싶어 하는 원자력 전공 학자들. 이들이 원전을 가운데 두고 모인다. 발전소 건설이란, 정부가 공인하고 법이 지켜주는 사업이다. 리스크(risk) 없는 대규모 돈놀이는 흔한 기회가 아니다. 그러니 똘똘 뭉친다.

홍준표 경상남도 도지사는 밀양 송전탑 반대 싸움을 지지하는 사람들을 '외부세력'이라 칭하며 어디서나 싸움을 만드는 몰이꾼 취급을 했다. 그런데 정작 몰이꾼은 따로 있다. 원전마피아, 이들은 원전에서 떨어지는 돈을 따라 몰이를 한다. 50조라는 어마한 손해를 보고 있으면서도 기업에 퍼주기를 멈추지 않는 한전도, 저 안 어딘가에서 자신의 몫을 다하고 있을 것이다.

그리고 우리는 원전마피아들 덕분에 (누진세 걱정은 했지만) 전기를 편하게 써왔는지 모른다. 그들이 원자력발전소 안전신화를 되풀이 한 덕분에 우리는 의심할 필요가 없었다. 전기가 오는 길목에 세워지는 송전탑과 그 땅에 사는 사람은 우리의 관심 밖이었다. 우리의 관심은 오직, 원활한 전기 공급이었다. 실은 전기에도 그다지 관심이 있지 않았다. 우리의 관심사는 전기가 만들어내는 부유함이었다. OECD국가 중 경쟁력이 몇 위인지, 수출량이 몇 위인지, 얼마나 높은 아파트에 사는지, 얼마나 배기량이 큰 차를 타는지에 관심을 두느라 '수출 100만 달러'를 외치던 시절부터 지금까지 무엇이 희생되고 어디가 폐허가 되는지에 무심했다. 그러다 소리를 들었다. "이대로만 살게 해달라. 이대로만." 그제야 전기가 지나기 전, 그네들의 삶을 생각하게 됐다.

"이대로만 살게 해달라. 이대로만."

밀양 주민들의 가장 큰 소원은 예전의 삶을 되찾는 것이다. 변한 것은 없다. 그러한 삶을 위해 무엇이 필요한지 알게 되었을 뿐이다. 밀양 주민들은 말했다.

"법은 당신들의 손에서 놀아나지만, 그 법을 존재하게 하는 정신을 만드는 것은 우리입니다."

이들은 싸움의 끝이 무엇인지 안다. 더 이상 도시가 주변부 지역의 자원에 기생하는 전력공급 체계를 유지해서는 안 된다. 도시와 기업은 자가발전을 하여 전기를 생산하는 방식을 고민해야 한다. 전기소비량에 제어를 걸어야 한다. 발전소를 늘리는 것으로 수요 문제를 해결해서는 안 된다. 핵은 지양되어야 한다. 그것이 공존하는 방도이며, 이 싸움의 끝이다.

시골 무지랭이라 스스로를 부르던 이들이 새로운 삶의 패러다임을 만들고 있다.

2000. 8   한전, 765kV 송전선로 계획 확정

2003. 10   한전, 송전선로 경과지 확정

2005. 8   한전, 주민설명회

2005. 10   환경영향평가

2005. 10   상동면 여수마을 주민들, 한전 밀양지사 앞에서 첫 항의시위

2007. 11   정부, 신고리원자력발전소~북경남변전소 구간 765kV 송전선로 건설사업 승인

2008. 7   밀양 주민들, 송전선로 백지화요구 첫 궐기대회

2008. 8   765kV 신고리~북경남 송전선로 착공

2009. 12   국민권익위원회 주관 밀양지역 송전탑 갈등조정위원회 구성

2010. 11   경실련 주관 밀양 송전탑 보상제도 개선추진위원회 구성

2011. 5   주민-한전 대화위원회 운영 시작

2011. 7   주민-한전 대화위원회 운영 중단(총 18차례 대화)

2011. 8   경실련 중재 보상협의회 회의

2011. 8~2012. 1   현장 인부와 용역의 주민들에 대한 폭력행위 심화(일례로 현장인부가 저항하던
　　　　　　　　비구님 스님의 음부를 주먹으로 구타하는 성폭력 사건 벌어졌으나 가해자들의 강간 의
　　　　　　　　사가 없었다는 이유로 폭행죄 60만 원 모욕죄 30만 원의 약식기소로 사건 종결)

2012. 1. 16   주민 이치우(74) 씨 송전탑 반대 분신

2012. 2. 1   765kV 송전탑 반대 고 이치우 열사 분신대책위원회 출범(이후 밀양765kV송전탑반대대
　　　　　　책위원회)

2012. 3. 7   밀양 구간 송전탑 공사 중지

2012. 6. 11   밀양 구간 송전탑 공사 재개

2012. 9   밀양 송전선로 한전 대책위 구성

2012. 9. 24 국회 현안 보고 이후 밀양 구간 송전탑 공사 중지

2012. 10. 5 주민대표 20명 및 사회단체 대표64명, 갈등해소 대정부 건의

2012. 10. 9~11. 9 밀양765kV송전탑반대대책위-한전 실무협의 3회 진행

2012. 12. 4 조경태·김제남 의원 주관 송전선로 타당성 등 주제 국회 공청회

2013. 4 한전, 주민 지원안 발표 및 사장 공개사과

2013. 4. 29 반대대책위, 한전 측 지원안 반대 입장 표명

2013. 5. 15 한전, 공사 재개방침 공식화

2013. 5. 20 한전, 공사 재개

2013. 5. 28 대통령 질책과 국회 중재로 공사 중지

2013. 5. 29 전문가협의체 구성

2013. 7. 6 전문가협의체 보고서 국회 제출

2013. 7. 11 베끼기 대필 논란으로 전문가협의체 보고서 국회 채택 불발

2013. 7. 20 산업부 장관 밀양 방문

2013. 7. 25 밀양시장 보상협의체 구성 기자회견

2013. 9. 11 국무총리 밀양 방문, 특별지원협의회 보상안 발표

2013. 10. 2 공사 재개

2013. 11. 30 밀양 송전탑 건설 중단 희망버스

2013. 12. 6 주민 유한숙(74) 씨 음독 자결

2014. 1. 25 밀양 송전탑 건설 중단 2차 희망버스

2014. 2. 18 '밀양 송전탑 공사중지' 가처분 신청

2014. 6. 16 행정대집행 명목 하에 농성장 강제 철거

3

노동자가 아니라 사업자라고?

·

재능교육 이야기

만화 김성희

1975년생. 대학 신문에 만평을 실은 것을 계기로 만화의 길에 들어섰다. 첫 책 《몹쓸 년》은 우리 사회에서 삼십대 미혼 여성으로 살아가는 문제를, 공저작 《내가 살던 용산》과 《떠날 수 없는 사람들》에서는 '재개발'이라는 명목 아래 하루아침에 집을 빼앗긴 철거민들의 아픔을 다뤘다. 삼성 반도체 공장 노동자 백혈병 문제를 다룬 《먼지 없는 방》으로 2012년 부천만화대상 교양만화상을 수상했다.

르포 하종강

30여 년 동안 줄곧 노동상담과 노동교육 분야에서 일해왔다. 한울노동문제연구소 소장으로 일했으며, 현재는 성공회대학교 노동대학 학장으로 활동하고 있다. 홈페이지 '노동과 꿈(www.hadream.com)'을 통해 노동 현장의 목소리를 전하고 있다. 쓴 책으로 《울지 말고 당당하게》, 《아직 희망을 버릴 때가 아니다》, 《길에서 만난 사람들》, 《철들지 않는다는 것》, 《그래도 희망은 노동운동》 등이 있다.

나는 누구입니까

김성희

1일, 2일, 3일…

2266일, 2267일, 2268일, 2269일…

나는 어떻게 학습지 교사가 되었나

사진학과에 들어가고 싶었는데 돈이 너무 많이 들고 부모님께 말씀드리기도 그렇고 해서 다른 과에 진학하고 사진은 부전공을 했어요. 동아리 활동도 하고요.

○○회사 광고 취소한대요.

젠장할!

1998년, IMF의 영향은 광고시장부터 찾아왔어요.

제품이 좀 제대로 나오게 찍어봐. 지금 모델만 잘 나오고 있잖아.

네.

나한테 화풀이야.

충무로 광고회사에서 2년 넘게 일했는데, 이 동네 학연이 지연이…

조명 제대로 안 비춰? 제품이 죽잖아. 빠져 갖고. 콱!

네…

유명자(32)

광고 쪽이다보니까 만날 돈 버는 거에 민감해지고, 또 너무 군대식이었죠.

내가 찍고 싶은 사진을 찍고 싶었어요.

정말…

언니, 그러지 말고 돈을 벌어. 나 얼마 전에 입사한 회사 있잖아, 재능교육!

서민들의 과외, 학습지! IMF에도 불황 없는 유일한 곳!

불황 없는 유일한 곳?

뾰로롱

석 달 먼저 들어간 후배가 꼬여서

그래. 내가 카메라 세트 사고 만다.

여기서 1~2년만 하면 돈 꽤 벌 거 같아.

그렇게 1998년에 입사를 결심했죠, 재능교육에.

우리 일은 재택근무도 가능하고, 시간도 자유롭게 쓰고, 일한 만큼 충분히 성과수당도 받을 수 있고, 이런 좋은 직장 없습니다.

지국장

거기다 열심히 하면 정규직으로 전환해줍니다.

정말요?

그렇다니깐! 속고만 살았나.

정규직이 되는 조건

어느 정도 연차가 되고

누계라고 있는데, 보세요.

누계

1월에 열 명이 가입하고 다섯 명이 그만두었다면 +5입니다.

IN

OUT

2월에 다섯 명이 가입하고 두 명이 그만두었다. 그럼 +3입니다.

누계는 +8이 되는 거죠.

해볼 만 하겠는데?

3월에 열 명이 가입했는데, 열다섯 명이 빠져나갔으면, 월실적이 −5.

전체 누계는 +3이 되는 겁니다.

그치, 항상 잘된다는 보장도 없고… 쉽지 않겠네?!

이것을 다 합쳐서 +60이 되면 **정규직** 전환 조건이 됩니다.

+60 되려면 몇 년 걸려요?

2~3년 다니다보면 90%는 정규직으로 갑니다.

정규직

휘이잉~

정규직 전환은 엄청난 장점으로 들렸어요.

납득되지 않는 일들

그럼 보증금 150만 원 입금하고, 여기에 서명하면 됩니다.

정말? 왜?

다 듣지 않았나? 회원회비 선생님들이 직접 받기 때문에… 퇴사할 때 다 돌려드립니다.

보증금부터 납득되지 않는 것 투성이었어요.

회원이 없으면 월급도 없어요.

어머니, 유선생님 소개해드릴게요

안녕하세요.

지국마다 다른데, 신입교사는 퇴사한 교사의 지역을 받거나 팀장 수업을 대신 관리하면서 시작해요.

제가 입사할 때만 해도 신입교사 교육이 빡빡했어요.

학습지를 선택할 때, 가장 우선시하는 게 뭐죠?

선생님이요?

정답은 시스템입니다. 재능교육 시스템!

교육 받느라, 세 달 동안 1주일에 1회밖에 수업에 나갈 수 없는 거예요.

교육은 받아야 하는데, 기본급도 없이 어떻게 지내나?

그러게…

3개월 동안 월급이 십몇 만 원이었어요.

학습진도 무료진단이라고, 실적을 위해 아파트 벼룩시장 열 때 나가요.

어머니, 자녀들 학습진단 무료로 해드려요.

영업실적 윤곽이 나오면 팀별로 회원가입 받도록 무료진단 나가라고 해요. 강요하는 거죠.

파라솔 하나 피려고 해도, 부녀회에 3~4만 원씩 내야 돼요.

왜 이걸 우리 교사가 갹출해서 내요?

네가 아직 신입이라서 뭘 모르는구나.

하물며, 파라솔에서 비품까지 교사가 다 마련해야 해요. 이런 주말 근무에도 말이죠.

우리가 회비를 직접 받잖아요.
자동이체도 권하는데, 이체일는 20일로 해요.

우리 애 다음 달부터 학습지 그만 시키려고요.

지난 20일에 다음 달 회비도 자동이체 됐는데, 그러지 마시고 한 달만 더 하세요.

약은(?) 엄마들은 그래서 회비를 현금으로 내요.
딱 말일까지 하고 그만둔다고.

회비는 현금으로!

네…

이런 식으로 회원을 붙잡는 거예요.
그래서 자동이체 등록율도 실적으로 강요 받아요.

재택근무?

아뇨. 매일 아침 9시에 출근해요.

따르릉 따르릉

every day

20~30분 준비하다가 전체 조회를 해요.

팀별 영업체크 하겠습니다.

지국장이 쭈욱 필요한 사항 공지하고

각자 교재 챙기고 업무 체크하고

제능영어

선배 계장에게 업무일지 내고

업무 일지

유영자

일단 입사하면 회원 발굴부터 회비 업무까지,
A부터 Z까지 다 해요.

모으고!

가르치고!

회비 걷고!

주로 12시 반부터 2시 사이에 나가죠. 고학년이 많으면
좀 더 늦게 나가고, 유아가 많으면 일찍 나가요.

유아가 많은 교사는 점심도 제대로 못 챙겨 먹고
나가는 거예요.

면허부터 좀 따! 회원집 방문마다 그러고 갈래?

처음에 상담할 때 엄마들은 선생님을 모르니까, 교재를 보자고 해요.

어머니, 저희 학습지는 타학습지와 달리 창의력 사고력 교재예요.

재능그룹 박성훈 회장이 미국에 유학 갔다가 최초의 창의력 사고력 교재를 만들어낸 거죠.

매와 같은 시선으로 훑는다!

학부모

초기에 가장 널리 알려진 학습지가 공문수학이었는데,

끊임없이 순서대로 더하기 1씩만 하면 되는 거예요.

일본의 쿠몬이라는 사람이 창시했어요.

이것을 로열티를 주고 쓰다가 로열티 반납하고 다시 브랜드 만든 게 대교 눈높이고,

한번 해보죠. 근데 애 시간이 일요일밖에 안 되는데…

네, 그럼요.

학부모

열심히 살자!

다시 쿠몬의 이름을 받아서 쓰는 데가 지금의 구몬이에요.

산본. 인근 평촌과는 차이가 나요. 신도시 중에 제일 떨어진다고 하죠.

평촌은 특목고 준비도 시켜준다는데, 알아요?

가만…

아는 척 하고

학원 끝나면 우리 애는 밤 12시에나 오는데 그때 돼요?

네, 회원 시간에 맞춰 방문해야죠.

무료진단

까탈스러워서 선배 교사들도 다들 산본은 힘들다고 해요.

아파트 단지 주변 다세대 빌라도 정말 많거든요.
그 사이에 계급적 차이도 있어요.

안녕하세요!
좀 늦었지요?

오셨어요?

평수 넓은 아파트에는 '사'자 부모가 많아요.

굉장히 예의 있게 대하지만, 우리를 아이들 가르치는
선생님이라고 생각하지 않아요.

교재만 제때
가져다주시면
돼요.

안 시키기는 그렇고, 모자란 과목 채우는 정도의
변두리 교재라고 생각하죠.

하지만 다세대 빌라는 다른 것 못 시키고
학습지를 하는 거라서 기대가 달라요.

우리 상우…

저희가 맞벌이하다 보니
신경을 못 써서요.

애가 머리는
좋은데… 저희 애 좀
잘 가르쳐주세요.

재능에 서른한 살에 들어가서, 저학년 엄마는 저보다
한참 어리기도 하고, 고학년 엄마는 비슷하고 그랬어요.

회사는 교사 역할이 가르치는 게 아니고
스스로 학습하도록 돕는 거니까,

상우야, 아직도
놀이터에 있으면
어떡하니!

어? 선생님!
깜박했다.

학습목표만 쥐어주고 엄마들과 상담하라고 해요.
은근하게 다른 학습지를 권유하라는 거죠.

집에 있어야지.
만날 선생님이 잡으러
와야겠니?

그네 한 번만
더 타고 가면
안 돼요?

선생님, 그럴 게 아니라
그냥 여기서 하면
어때요?

혼자 풀래?
선생님 그냥 갈까?

아…
알았어요.

학습지 권유하지 않고, 가르치는 시간이 긴 저는

회사가 좋아하는 교사가 아니에요.

회원이야, 고학년에서 유아까지 다 있어요.

주로 어문 과목인 국어, 영어, 한자를 가르쳤어요.

참, 학습지 교사에 자부심을 갖게 해주신 분이 계셔요. 애가 셋인데,

큰 애는 재능 한자 시키고,

둘째는 대교 눈높이 수학,

막내는 웅진 한글 교재.

이 집 어머니한테 선택되셨다면 능력 인정 받으신 거예요.

엄마들 사이에서 교사들 평가 다 뜬다니깐요!

그죠?

그 집에 재능, 대교, 웅진이 다 들어오는 거죠.

엄마들이 애들 많으면 그렇게 시켜요.

엄마니깐!

애가 이제 오면 어떡하니? 선생님이 언제부터 기다리셨는데!

현준이도 이럴 때가 다 있구나.
숙제 안 할 때도 있고…
좀 지치지?

…

학습지 시켜본 지 십몇 년
됐지만, 선생님 같은 분
처음 봤어요. 애들 아끼는
것도 보이고…

애가 사춘기 되면서 너무 공부를 안 하니까, 선생님한테
미안해서 그만둔다고 했어요. 참 기억에 남아요.

그 어머니 내가 언니처럼 따랐는데…

저는 회원들한테 불평불만 받은 적이 없어요.

클레임 받은
선생님은 주말
무료진단
나갑니다.

무료진단이
무슨 체벌이야?
가지가지 하네.

농담 섞어서 "내 회원은 다 내 마니아야" 그래요.

재능이 후발주자이기는 하지만 고속성장을 했죠.

IMF
구제금융 요청

회원수 1위였던 대교를 넘어 1위가 되는 것이
90년대 말 재능교육 회장님의 목표였어요.

IMF 이후
더 팍팍해졌는데,
우리 아이들
이 경쟁에서
이기게 해야 해.

서민들의 과외

1998년

1999년

2000년

그런데 매달 말일만 되면 하고 있는 게 도저히…

회원이 그만둔 건데,
왜 선배가 대납을 해요?

있지도 않은 유령회원 만들어서
그걸 우리가 왜 납부해야 하냐고요?

제발 부탁이다. 너도 몇 건만 해.
우리 팀이 다 쪼이잖아.

너만 대납
안 할래?

그러다 보니까 학습지 회원수 높이기만을 위해서
과다 경쟁에 내몰리게 되었어요.

1999년
10월 말

소문 들어보니까
정규직은 파업
나갔다던데요?

그렇게 힘들게
누계 쌓아서
정규직된 사람들이
파업은 무슨!

우리같이 학습지
교사할 때는 방문하느라
눈코 뜰 새 없었을 텐데

정규직되니까
살 만한가 보지?

계장
(정규직)

살 만해서
부당영업
시켜요?

학습지 계장 교사들의 적극적 참여

나중에야 알았는데 실제로 그 사람들이
정규직이 되려면 전세금 정도의 돈을
부정영업에 쏟아부어야 했대요.

계장님, 11월에는
학습지 교사도 이부수업하고
파업 나간대요.
우린 정말 안 나가요?

수도권에서 일순간에 수천 명이 조직될 수 있었던 건

계장님

나가려면…
이부수업
잘 챙겨둬라.
미안하다.

계장들이 그 밑에 있는 교사들을 다 끌고
파업에 나갔기 때문이에요.

예전에는 약간 일제식으로 계장이라고 불렀어요.
명예직 같은 건데, 후배들 수업 챙기고

지국장님, 이제 교사들의
원성이 목까지 차올랐습니다.

이것저것 가르쳐주는 선배교사예요. 아무것도 모르는
신입교사들이 믿고 의지할 수 있는 존재죠.

지국장은 싫어해도 계장은 다 믿고 따랐어요.
계장은 우리처럼 방문 교육도 하고, 똑같으니까…

교사들 얼굴 좀 보세요.
대납 수준이 수백 만 원 넘는
교사들이 수두룩해요.

이대로 더
어떻게
버티나요?

우리 지국은
전원 불참인
줄만 알아.

부정영업에 더 많이 노출된 사람들도 이 계장들이었어요.

그럴 시간 있으면 하나라도
더 영업해.

유령회원이나
만들면서 이것도
영업이에요?
이놈의 회사 할 말은
하고 그만둬야지.

계장님, 정말
안 나가실
거예요?

내가 있던 지국은 선배라는 계장 4명이 다 안 나갔어요.

전 주에 배에 해당하는 수업을 해줬기 때문에
우리가 노동을 안 한 건 아니거든요.

하늘 천?

맞아. 여기에 알맞는
스티커를 붙여보자.

휴가 때에도 이런 식으로 이부수업을 해서
휴가 시간을 만드는 거예요.

이부수업이란?

업계 용어인데, 우리는 일주일 수업을 안 나가려면
그 전 주에 다음 주 것까지 들고 가서 2주치 수업을
해야 해요.

I stayed home.

2주치

그렇게 입사 1년차,
1999년 11월에 도곡동 재능교육 강당에 왔어요.

고용비용이 들지 않는 고용형태

도심에는 아파트 같은 곳이 많으니까 걸어서 움직일 수 있잖아요.

그런데 시골 같은 곳은 차를 끌고 20분 가서 가르치고, 또 20분 가고…

납득되지 않던 것들 회사에 다 쏟아내고 그만둔다는 심정으로 뛰쳐나왔죠.

손을 이렇게 들고 하면 되는 건가?

언니, 손에 힘 팍 주고, 재능회장 조까라마이싱!

파업을 하다보니 알게 됐어요.

9시 뉴스 보면서 밥 먹고 싶다!

속이 확 풀리네!

9시 뉴스 보면서 밥 먹고 싶다!

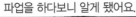

당시 이 강당에 3천여 명의 교사들이 나와 있었다!

4대 보험 왜 우린 안 되지?

산재보험, 고용보험을 회사가 해줘야 한다는 의식 자체가 없었어요.

왜 안 해주냐고요?
회사는 안 해주는 게 아니라 못 해준다는 거예요.

JEI 재능교육
We can't
JEI
재능교육
We don't

개인사업자라서. 그때 알게 되는 거죠.

한국말몰라요?

우리는 매일 출근하고 업무일지 쓰고 지국장의 관리감독 받고, 사기업에 고용된 건데 왜 개인사업자야?

특수고용노동자는 누가 만들었나

부정영업 좀 근절시켜 보자. 그런데 여기에 내몰리는 이유가 이 계약서다. 위탁계약서.

우리가 아무것도 요구할 수 없게 만드는…

이거 누가 만들었나요? 국가? 자본? 자본!

입사(1998년)했을 때만 해도 특수고용노동자라는 말이 없었어요.

학습지 교사를 시작하는 사람들을 보면

노동자의식 같은 건 접해본 적 없는 사람들이거든요.

당신은 개인사업자예요, 라고 설명할 필요가 없던 거죠. 그렇게 계약서 쓰고 입사해요.

설명생략

그런 거예요.

회원이 줄어도

시장 축소에 대한 고용부담이 없는!

기본급을 줘야 하나 방문교사를 위한 교통 실비가 나가나

고용비용이 들지 않는 거죠!

자본주의의 꽃!

화수분!

"당신은 노동자가 아닙니다."

고용형태를 개인사업자로 위장한 것이 특수고용노동자예요.

퇴직할 때 돌려받는 보증금은 애초 150만 원에서
회사 시스템에 의해 많은 것들이 정산되고 나와요.

150만 원 다
돌려준다더니?!

안 받을 거면
말고!

회사는 한 푼도 손해를 보지 않아요.

회사는 한 푼도 손해보지 않으니,

특수고용노동이 자본에 가장 매력적인
형태인 거죠.

양날의 칼, 파업

개인사업자로 되어 있어서 파업은 양날의 칼이에요.

우리 언제
돌아갈 수
있을까?

재능교육지부 해고자들의 요구
노동조합 인정
단체협약 원상회복
해고자 전원복직

재능교육지부 해고자들의 요구
노동조합 인정
단체협약 원상회복
해고자 전원복직

회사에 타격을 주기 위해서 파업을 하고
나왔지만 결국은

선생님
안 오시나?

내가 직접 만들었던 회원을 내가 불매하게 만드는
경우가 되니까요.

공장 노동자들은 파업하고 돌아와도 라인이
남아 있잖아요. 다시 그 라인에 서면 되잖아요.

한국말 정말
모르는 구나.

우리는 복귀를 하면, 내가 학습을 멈추게 했던
애들을 다시 영업해서 끌어와야 해요.

상우야…

그래서 우리는 파업을 양날의 칼이라고 부르죠.

노동부가 노동조합 필증을 내주다

교사라고는 하고,

선생님이 말한 걸 네가 이해한 대로 설명해 봐.

이건…

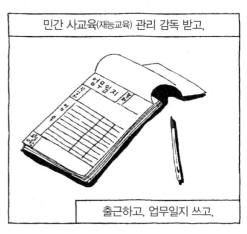

민간 사교육(재능교육) 관리 감독 받고,

출근하고, 업무일지 쓰고,

계약서를 보면

비보호

위탁사업계약서고, 개인사업자인 거죠.

1999년 12월 17일,
결국 노동부가 노동조합 설립필증을 내줬어요.

학습지 교사
노동자성 인정

노조도 없이 도곡동 재능교육 강당으로 뛰쳐
나갔던 게 1999년 11월 중순이었는데,
우리의 노동자성을 노동부가 인정한 거죠.

그 좋은 개인사업자 시켜주는데, 왜 자신을 노동자로 강등하나?

회사는 이러더라고요.
그런데 누구한테 좋은 개인사업자라는 건지!

회사는 며칠 더 버티다가 12월 30일, 업무로 복귀
하면 노동조합과 단체협약을 맺겠다고 했어요.

단체협약
재능지부

학습지 교사
노동조합

JEI
재능교육

2013년 7월 어느 비오는 날. 농성천막 앞.

2000년 5월에 외곽교실관리교통비,
신입사원 3개월 기본급 30만원, 휴가비 등
노동조합을 통해 합의해낸 것들이에요.

이제는 다 없어졌죠.

준 거 다시 안 뺏어가는 자본은 없어요.

이 천막 몇 번이나
털렸는지 몰라요.

또 언제
털릴지
모르죠.

단체협약 지켜내는 싸움도 저희가
10년 내내 한 거예요.

그러는 동안 안 해본 게 없어요.

故 이정연

노조위원장이던 친구도 하늘나라에 보내봤고…

한겨울에 회사가 단전 단수 다 해가지고
그 찬 마루바닥에서… 화장실에도 물 안 나오고…

학습지 교사의 노동자성을 인정하라!

1999년 도곡동 재능교육 강당에서 파업했던
그 33일이 제일 행복하고 신났어요.

그때 느꼈던 마음 가지고 여기까지 온 것 같아요.

콜트콜텍은 왜 싸우고,
쌍용차는 왜 싸워요?

버티고 버텨 왔지만 매일 힘듦의 연속이에요.

사람들은 새 직장 들어가라고 해요.

난 내가 다니는 여기를 좋게 만들고 싶을 뿐인데…

학습지 교사도 노동자다

하종강

부끄러운 기억

서울 변두리 공단 부근 작은 법률사무소 귀퉁이에 책상 하나 들여다 놓고 노동상담을 하던 20여 년 전, 후배 하나가 친구를 데리고 찾아왔다. 학습지 교사 일을 하다가 그만두었는데, 퇴직금을 받을 수 있겠느냐는 것이었다. 몇 가지 간단한 조사만으로도 퇴직금을 받지 못할 이유가 전혀 없는 고용계약이라는 것을 쉽게 알 수 있었다. 실제로 근로계약이 존재하고 출퇴근 등 업무에 대해 일일이 회사의 지시와 감독을 받았으므로 어느 모로 보나 근로기준법상의 '근로자'에 해당했다. 이 말은, 퇴직금을 지급하지 않으면 회사가 근로기준법 위반으로 형사 처벌을 받게 되는 경우에 해당한다는 뜻이다.

상담이 진행되는 과정에서 알음알음으로 찾아온 학습지 교사들이 점차 늘어나 나중에는 20여 명이나 됐다. 지방노동사무소나 검찰 등 사법기관에 '진정', '고소' 등을 해본 경험이 전혀 없는 보통 사람들이 대부분 그렇듯 처음에는 매우 조심스러워하며 두려워했다. "이런 일로 '송사'에 휘말려봐야 좋을 것이 없다고 가족들이 모두 말린다. 행여 나중에 일을 그르쳐 시간과 노력만 아까울 뿐 패가망신하는 경우는 없겠냐?"고 걱정하는 마음 여린 '전직 학습지 교사'들을 설득하느라

애를 먹었다. 이처럼 노동상담을 하러 찾아온 사람들과 함께 처음 넘어야 하는 난관은, 우리들보다 훨씬 큰 힘을 가진 상대와 맞설 수 있도록 용기를 갖는 일이다. 그리고 행여 끝내 우리가 원하는 결과를 얻지 못하더라도 그 경험이 오로지 상처로만 남지 않도록 대비하는 일이다.

시간은 조금 걸렸지만 지방노동사무소에 진정서를 제출하고 회사 인사노무관리자들이 불려와 조사를 받는 비교적 간단한 절차를 거쳐 모두 퇴직금을 받을 수 있었다. 나중에 그 학습지 교사들 중 한 사람이 찾아와 고맙다며 화장품 하나를 선물하고 갔는데 그때까지 화장품을 거의 사용해본 적이 없던 나는 상담소 동료들과 함께 "이것이 무엇에 쓰는 물건인고?" 하고 돌아가며 물어보면서 웃기도 했던 기억이 난다.

아마 그 무렵부터였을 것이다. 교활한 학습지 회사가 근로기준법상의 각종 의무로부터 벗어날 수 있는 방법에 대해 골몰하기 시작한 것이……. 명문 대학을 졸업한 인재들이 거대 기업으로 성장한 학습지 회사에 인사노무관리자로 취업해 노동비용을 절약하는 각종 방안을 연구해내는 것으로 업무 능력을 인정받으며 승승장구했을 것이다. 그들은, 그 혁혁한 공로가 자기 가족의 행복에는 기여했을지 몰라도 이 땅의 학습지 교사들을 얼마나 비인간적인 삶으로 몰아넣었는지에 대해서는 아무런 상상도 하지 못한 채, 어떤 죄책감도 느끼지 못하고 지내고 있을 것이다.

그 일만 생각하면 지금도 부끄럽다. 우리가 퇴직금 몇 푼 받아낸 것으로 기뻐하고 있을 때, 학습지 회사 경영자들은 다시는 그러한 일이 발생하지 않도록 철저하게 준비하기 시작했다. 학습지 교사들의 '임금'은 '수수료'로, '근로계약'은 '위탁사업계약'으로, '근로소득'은 '사업소득'으로 바뀌었고, 심지어 학습지 교사들이 개별적으로 사업자등록까지 하게 함으로써 형식상 근로기준법상의 '근로자'에 해당하지 않도록 꼼수를 부리는 회사도 생겼다. 하지만, 실제 학습지 교사들의 업무 내용은 그때나 지금이나 크게 달라지지 않았다.

이러한 경우 법률적 판단을 해야 하는 사법기관이 해야 할 일은 실체적 진실을 명확히 밝혀 시시비비를 가리는 것이다. 형식상 '수수료'이지만 내용상 '임금'에 해당하지 않는지, 개인사업자인 것처럼 형식을 갖추었지만 실제로는 출퇴근 등 업무에 대해 회사의 지시와 감독을 받는 피고용자는 아닌지 명백하게 따져 밝혀야 한다.

그러나 30년 넘는 노동상담 경험에서 터득한 감각으로 판단하건데, 나약한 노동자들과 막강한 대기업이 맞서는 사건에서 우리나라 근로감독관이나 검사나 판사들이 그렇게 판단할 수 있으리라 기대하는 것은 거의 '원초적 불능'에 가깝다. 오래전, 사법연수원에서 한 학기 동안 노동법 세미나를 진행해본 알량한 경험만으로도 우리나라의 법조인들이 노동문제 사건에 대해 올바른 판단을 한다는 것이 구조적으로 얼마나 불가능한 일인지 온몸으로 깨달았다.

특고 문제 하나만이라도…

재능교육 유명자 지부장에게 몇 년 동안 귀에 못이 박히게 들어온 말이 "재능교육 사건을 통해서 '특고' 문제에 대한 경각심을 사회에 불러일으키는 것 하나만이라도 해내고 싶다"는 것이었다. '특고'는 '특수고용 비정규직 노동자'의 줄임말이다. 수많은 비정규직 노동 형태들 중에서도 '특수'하게 더욱 불리한 비정규직 노동자들이다.

학습지 교사들과 비슷한 경로로 '특수고용 비정규직 노동자'가 된 경우가 보험설계사들이다. 몇 해 전, 노동위원회에서 공익위원 직함을 맡고 있었을 때였다. 위원회는 보험설계사들이 제기한 부당해고 사건에 대해 법률적 판단을 해야 했고, 내가 심판위원으로 참여했다. 우선 판단해야 할 일은 보험설계사들이 근로기준법상의 '근로자'에 해당하는가 하는 점이었다. 만일 그렇지 않다면 노동법상으로 '해고' 자체가 성립되지 않아, 아예 판단할 가치조차 없는 사건이 돼 버리고 말기 때문이다.

어느 모로 보나 보험설계사들은 '근로자'에 해당하는 것으로 봐야 한다고 조목조목 주장하던 나에게 노동부 퇴직관료 출신의 한 위원이 수십 센티미터 높이로 쌓여 있는 사건서류들을 손으로 쓰다듬으며 말했다.

"저도 이 서류들을 밤새 꼼꼼히 읽었습니다. 어느 모로 보나 보험설계사들은 근로기준법상 '근로자'에 해당하는 게 맞더군요. 그런데 보험설계사를 '근로자'로 인정해버리면 우리나라 보험회사들이 수조 원 넘는 퇴직금을 감당해야 합니다. 그 총대를 우리 위원회가 멜 수는 없습니다. 하 위원님, 이제 할 만큼 하셨습니다. 10년 안에는 됩니다. 그러니 이제 그만 하시지요."

나한테 거의 아버님뻘 되는 그 퇴직관료가 사건서류들을 두 손으로 쓰다듬듯 감싸며 나를 달래던 표정이 지금도 생생하다. 그리고 그로부터 10년의 세월이 지났다. 그렇다면 오늘날, 학습지 교사와 보험설계사는 근로기준법의 '근로자'로 인정받게 됐는가?

재능교육교사노조 보고대회의 기적

1999년 11월 13일, 성균관대학교 유림회관에서 펼쳐졌던 그 장관을 잊을 수가 없다.

재능교육에 처음 교사노동조합을 설립한 사람들은 단 9명이었다. 그 9명의 교사들이 전국에 흩어져 있는 재능교육 교사들에게 노동조합이 설립됐다는 사실과 함께 "서울에 있는 성균관대학교 유림회관에서 보고대회를 열기로 했으니 많이 참석해서 가입해달라"고 알렸다. 별다른 홍보 수단이 없었다. 사내 전자통신 게시판에 알림 글을 올리는 것이 유일한 방법이었다.

9명밖에 안 되는 조합원들은 정말 열심히 행사를 준비했다. 조합원 수가 얼마 안 되니 모두 노조간부요, 율동패요, 노래패였다. 율동패는 밤늦게까지 연습하다가 넘어져 무릎에 시퍼렇게 멍이 들기도 했다.

드디어 보고대회가 열리는 날, 9명의 조합원들은 "오늘 몇 명이나 모일까?" 초조해하면서 조합원들을 기다렸다. 전국에 흩어져 있는 학습지 교사들이 각 지역에서 몇 명이나 서울에 올라와 참석할지 전혀 파악이 안 되는 상황이었다. 나도 참석자 수를 가늠해 보느라고 행사장인 성균관대학교 입구에서부터 혜화역까지 몇 번이나 왔다갔다 하기를 되풀이했다. 아, 그런데…… 보고대회 시작 시간이 가까워오자 성균관대학교 주변 길거리가 갑자기 술렁거리기 시작하는 것이 아닌가. 전국에서 삼삼오오 짝을 지어 올라와 지하철 혜화역에서 내린 재능교육 교사들이 사람들에게 길을 물으며 성균관대학교로 향했고, 이내 길을 가득 메우기 시작했다. 마치 전쟁이라도 나서 피난 가는 사람들의 행렬처럼 길이 사람들로 흘러넘치기 시작했다.

초조한 마음으로 풀방구리 쥐처럼 행사장 입구를 들락거리고 있던 나에게 유림회관 현관에서 참석자들의 수를 '바를 정(正)'자로 표기하며 헤아리던 노조 간부가 계속 상황을 전해줬다.

"100명 넘었어요."

"200명 넘었어요."

"500명 넘었어요. 500명 넘은 뒤부터는 세지도 않았어요."

발갛게 상기된 얼굴로 기쁨을 감추지 못한 채 큰 목소리로 전해주던 그 여성 간부의 얼굴이 15년 세월이 지난 지금도 눈앞에 선하다. 9명이 설립한 노동조합에 이날 800여 명의 조합원이 가입했다. 이런 일을 우리는 '기적'이라고 말한다.

학습지 교사들이 노동조합을 설립할 수밖에 없었던 이유를 당시 언론은 다음과 같이 보도했다.

학습지 교사들은 독립법인격으로 회사쪽과 계약을 맺는 독특한 근로관계이기 때문에 근로기준법상의 근로자로 인정받지 못하는 등 논란을 빚어왔다. 회사쪽과 도급

계약을 맺어 관리예치금을 주고 회원을 인수, 독립적으로 사업을 해나가는 '소사장제'라는 것이 회사쪽의 주장이다. 그러나 노조는 "출퇴근 시간, 징계, 업무의 지휘 · 감독 등 다른 노동자들과 똑같은 근로관계를 맺고 있다"며 "전국의 10만 학습지 교사들이 노동기본권의 사각지대에 머물고 있다"고 주장했다.(매일노동뉴스, 1999.11.9.)

이렇게 설립된 노조를 회사와 정부는 쉽게 인정하지 않았다. 1,000명이 넘는 학습지 교사들이 재능교육 도곡동 사옥을 점거하고 파업을 한 끝에 12월 17일 노동부는 신고필증을 교부했고 12월 31일이 돼서야 회사와 우선협상안에 합의할 수 있었다. 그러나 회사가 학습지 교사들을 본격적으로 인권 사각지대로 내몰기 시작한 것은 오히려 그때부터였다.

학습지 회사들은 근로기준법상의 각종 의무를 벗어버릴 방안을 궁리한 끝에 학습지 교사들을 허울 좋은 독립 자영업자로 만드는 방법을 찾아냈을 것이다. 그동안 세상에 알려진 사건들만으로도 학습지 교사들의 삶은 흔한 말로 '사람이 사는 게 아니다'라는 표현이 딱 들어맞을 정도였다. 피눈물 나는 노력 끝에 안정적 소득이 보장되는 상황을 만들어낸 소수의 성공 사례들이 있을지 모르지만 대부분은 전혀 그렇지 않았다. 학습지 교사 생활을 했던 한 후배는 그 때를 "내 인생 최악의 시기였다"고 회상했다.

출산 뒤 복귀했다가 관리 지역을 바꿔달라는 요구를 했다는 이유로 해고되고, 미납금 대납 등 부당한 영업을 강요당하는 현실을 언론에 알렸다고 해고되었다. 회사를 임의로 그만둘 경우 위약금 300만원을 물어야 한다는 협박을 받은 뒤 아파트 옥상에서 투신자살한 이도 있었다. 결혼한 지 7년만에 아기를 갖게 된 교사가 후임자가 없어 계속 일하다가 결국 사산하기에 이르렀지만, 6년 동안 다닌 회사에서 퇴직금 한 푼 받지 못한 채 그만둘 수밖에 없었다. 204과목 중 134과목이나 허수영업이어서 1,500만 원의 빚을 졌을 정도로 시달리다가 돌연사하는 일이 벌어지기도 했다.

이러한 사건들에 대한 회사의 답변은 매번 같았다. "해고가 아니라 어디까지나 계약해지"라는 것이었다. 노동부, 여성부, 노동위원회 등의 답변 역시 한결같았다. "학습지 교사는 노동법상 근로자가 아니다"라는 것이었다. 그 와중에 회사 관계자들로부터 "지나친 다이어트와 약물 과다 복용으로" 사망했다거나 "소녀 가장이라 경제적으로 어려워 평소부터 힘들어했다"는 망발을 들어야 했던 일도 있었다. 몇 권의 책을 쓴다 해도 다 전할 수 없을 정도로 눈물겨운 이야기는 넘치고 또 넘쳤다.

긴 싸움의 시작

앞서 설명한 것처럼 1999년 11월에 설립된 재능교육교사노조는 다음 해에 교사의 절반이 넘는 3,800여 명을 조합원으로 조직했고 2000년에는 특수고용노동자 최초로 회사와 단체협약을 체결하는 등 안착하는 듯 보였다. 이후 학습지노동자들의 투쟁은 대교, 구몬, 웅진, 한솔 등 다른 학습지 회사로 퍼져나갔고, 이를 바탕으로 2000년 11월 소산별체제인 전국학습지산업노동조합이 출범했다. 재능교육교사노조는 2006년 전국학습지산업노동조합 산하로 편입되면서 재능교육지부로 명칭을 바꾸었다.

재능교육지부가 지금처럼 소수의 조합원들만 남아 7년이나 되는 장기농성투쟁을 하게 된 중요한 이유는 2007년 단체협상 과정에서 당시 이현숙 지부장이 이끄는 집행부가 회사가 요구한 수수료제도에 합의한 것이었다. 그 합의안은 조합원 찬반투표에서 불과 네 표 차이로 가결됐다. 대리투표 등 부정행위가 있었다는 문제가 제기되기도 했다. 그 무렵 다른 학습지 회사들도 비슷한 수수료제도를 도입하려고 했지만 대부분 현장 교사들의 반발로 실패하거나 유보됐다. 당시 분위기를 유명자 지부장은 "노동조합이 현장 교사들을 사지로 내몬 꼴"이라고 표현했다.

회사는 노동조합과 단체협약을 체결했다며 새 수수료제도를 밀어붙였다. 계약서를 다시 작성하지 않는 교사들과는 재계약이 어렵다고 압박을 가하기도 했다. 이후 많은 교사들이 회사를 떠났다. 2007년 6,000여 명이던 재능교육 교사 노동자 수는 한 해 만에 4,500여 명으로 줄었다.

결국 재능교육지부 조합원들은 새 지도부를 구성해 2007년 말부터 단체협약 원상회복을 위한 농성투쟁에 나섰다. 그 투쟁이 지금까지 이어지고 있는 것이다. 그 이후 5년 동안 재능교육 투쟁은 주로 전국학습지산업노동조합의 강종숙 위원장, 유득규 사무처장, 재능교육지부의 유명자 지부장, 오수영 사무국장 체제가 이끌게 된다.

회사는 수수료제도를 개선하자는 노조의 요구를 수용하지 않은 채, 2008년에는 이현숙 지도부와 합의했던 단체협약마저 파기했고, 당시 지부장이었던 유명자와 사무국장이었던 오수영을 해고했다.

2010년부터 노조에 대한 압박은 더욱 거세져, 불매운동을 주도했다는 이유 등으로 노조 간부들을 차례차례 해고했다. 조합원은 11명만 남았고 결국 모두 해고됐다. 전 지부장 이현숙도 2010년 11월 해고됐다. 유명자 지부장을 비롯한 투쟁 대오의 노동자들은 재능교육 장기투쟁의 원인을 제공했다고 볼 수도 있는 이현숙 전 지부장을 해고된 노동자라고 해서 선뜻 투쟁 대오에 합류시킬 것인가에 대한 고민이 있었지만, 받아들이기로 했다.

상황이 이렇게 진행되자 재능교육 투쟁은 "단체협약 원상회복, 해고자 전원 복직" 이 두 가지가 주요 요구사항으로 자리 잡았다. 쌍용차의 5대 요구안[1]이나 현대차 비정규직의 8대 요구[2]보다 훨씬 간단하게 요약됐다.

재능교육 노동자들은 그동안 "요구안 어느 하나를 양보하면서 다른 것을 따내지는 않겠다"고 여러 차례 공언했고, 회의를 할 때마다 '선(先) 단체협약 원상회복, 해고자 전원 유예기간 없는 동시 일괄 복직'을 반드시 하나로 묶어 관철한다는 결의를 명시했다. 유명자 지부장을 가끔 만날 때마다 내가 귀에 못이 박히게 들어온 말도 그 원칙이었다.

2011년 가을, 김진숙 씨의 300일 넘는 크레인 농성 끝에 한진중공업 문제가 노사 간 합의에 이르렀다는 소식을 들은 날, 1,419일째 노숙 농성 중인 재능교육 유명자 지부장을 만났다. 한진중공업 타결 소식의 소감을 묻자 유명자 지부장은 다음과 같이 말했다.

"업종과 사업장은 달라도 장기투쟁사업장 합의내용은 거의 같아요. 해고 철회나 원직 복직이 아니라 일정 유예기간 뒤 재취업시킨다는 것. 자본이 서로 연대하고 있다는 거죠. 그런데 우리 노동자들은 그렇게 못하고 있잖아요. '해고자 전원 유예기간 없는 복직'을 꼭 이뤄내고 싶어요."

상급단체인 민주노총 서비스연맹은 재능지부의 농성투쟁에 대해 "사실상 방치했다"는 말이 나올 정도로 미온적이었다. 2011년 4월 재능교육 사측은 농성투쟁이 시작된 뒤 처음으로 서비스연맹을 통해 회사 안을 제시했는데, 해고자들은 단계적으로 복직시키고 복직유예기간 중 생계비 50만 원을 지급하겠지만 단체협약 체결은 불가능하다는 내용이었다. 재능교육 해고노동자들은 "서비스연맹이 어떻게 이러한 내용을 합의안이라고 들고 올 수 있느냐? 노조를 인정하지 않는 안을 받고 복직할 수 없다"면서 거부하기로 만장일치로 결의했다. 이 일을 계기로 서비스연맹은 이후 재능교육 투쟁의 중심이 되어온 '재능지부투쟁승리를위한공동대책위원회(이하 공대위)'에서 철수한다.

----

1) ① 해고노동자 전원 복직 ② 살인 진압 책임자 처벌 ③ 회계조작 진상규명 및 책임자 처벌 ④ 희생자 명예회복과 배상 대책 수립 ⑤ 정리해고와 비정규직 철폐
2) ① 사내하청 노동자 전원 정규직 전환 ② 해고된 조합원 정규직 복직 ③ 미지급 임금 정규직 임금에 준해 지급 ④ 비정규직 노동자에 대한 구조조정 중단 ⑤ 부당 징계 및 구속·수배된 조합원 피해 보상 ⑥ 류기혁 열사 명예회복 ⑦ 비정규직 노동자, 비정규직지회 및 대국민 공개사과 ⑧ 불법적 비정규직 노동자 사용 금지

그 후로도 오랫동안

2007년 겨울, '한솔교육'이라는 학습지 회사 앞에서 300일 가까운 농성을 벌이고 있는 학습지 교사들을 만난 적이 있다. 모임이 끝난 뒤 그 교사들은 동료 교사가 봉사활동을 하고 있는 야학 돕기 행사에 참여하러 간다고 자리를 털고 일어섰다. 1년 가까운 세월 동안 길바닥에서 싸워온 노동자들이 그렇게 사는 모습을 보며, 나는 자신이 참 부끄러웠다.

가끔 들여다보는 사진이 있다. 살을 에듯 추운 어느 겨울 날, 혜화동 재능교육 회사 건물 앞에서 농성하는 비정규직 학습지 교사들과 함께 찍은 사진이다. 천막을 철거당해 길바닥에 라면박스를 깔고 장작불을 피운 채 모여 앉아 얘기를 나눴다. 대학 신입생인 딸아이가 나를 따라왔다가 대열 가운데쯤에서 몸을 움츠리고 있는 모습도 눈에 들어온다. 그 딸아이가 1년 동안 휴학했다가 복학해 대학을 졸업한 지도 벌써 두 해나 됐다. 그런데 재능교육 유명자 지부장을 비롯한 몇 명의 특수고용직 학습지 교사 노동자들은 아직도 그 싸움을 계속하고 있다. 햇수로 벌써 7년째다.

그토록 오랜 세월을 길거리에서 버틸 수 있는 '투사'들은 도대체 어떤 사람들일까? 만나 보면 대부분 선한 눈매를 가진 보통 사람들이다. 단식농성을 하면서도 아이들을 가르치는 일을 계속했던 갈 데 없는 '선생님'들이다. 그 착한 선생님들이 회사가 고용한 건장한 체격의 용역 경비들과 실랑이를 벌이다가 부상당하고 차마 옮기기조차 험한 욕설들 듣는 일은 몇 년 세월 동안 그들의 일상사였다.

2010년에는 재능교육 노숙농성 1,000일에 즈음하여 50여 개 대학생단체를 비롯한 여성단체, 학부모단체들이 잇달아 기자회견을 열어 "반교육·반여성·반노동 기업인 재능교육 불매운동과 함께 입사지원 거부운동을 벌이겠다"고 밝혔고, 인터넷에서는 재능교육 불매운동과 서명광고를 위한 3,000원 모금운동이 진행되기도 했다. 당시 인터넷 게시판에 올랐던 글들은 다음과 같았다.

"수수료(임금)제도 개악으로 재능교육 학습지 교사들의 임금이 많게는 100만 원까지 삭감되었습니다. 하지만 박성훈 회장은 대한민국 100대 부자 중 하나로 전국 곳곳에 부동산과 사옥을 보유하며 1,000억원이 넘는 재산을 불려나가고 있습니다."

"주머니에 혹시 3,000원 있으세요? 동감하신다면, 3,000원만 내세요. 더 내셔도 좋고요. 그 3,000원만큼 세상이 약간 더 좋아질 겁니다. 3,000원이 없는 분들은 주변에 3,000원 가진 분들에게 이 이야기를 들려주세요.(블로거 김숫캇)"

회사의 권리 침해 신고로 포털 사이트 게시판에서 삭제되면 사람들이 다시 서명을 청원하는 일이 되풀이되기도 했다.

사람이 해서는 안 되는 일

사람이 해야 할 일과 하지 말아야 할 일이 있다. 해도 괜찮은 일과 해서는 안되는 일이 있다. 1,200억 원에 해당하는 주식을 가진 재계 순위 100위 자본가의 권리를 보호하기 위해 70세 할머니가 혼자 있는 집에 건장한 사내들이 들이닥쳐 세 아들이 준 용돈을 고이 모아 마련한 김치냉장고를 압류하는 일은, 그것이 아무리 법원의 결정에 따른 합법적 집행이라고 해도 해서는 안 되는 일이었다.

"왜 남의 집에 함부로 들어오냐?"고 저항했지만 "우리는 그냥 문 따고도 들어올 수 있는 사람들"이라고 당당하게 대꾸하면서 여섯 사람의 사내가 집안 곳곳을 뒤져 압류 딱지를 붙이는 모습을 지켜보는 할머니의 마음이 어땠을까? 문 따고 들어올 수 있는 권리가 아니라 천지를 개벽할 수 있는 권리가 있다고 해도, 그것은 사람으로서 하지 말았어야 할 일이었다.

백보를 양보해, 재능교육 비정규직 교사들이 회사 앞에서 하는 집회가 회사 업무를 방해한 측면이 좀 있다고 하자. 보통 사람들로서는 "평생 써도 다 쓰지 못할 만큼"이라고 표현할 수밖에 없는 막대한 재산을 가진 사람의 권리를 지키기 위해 칠순 할머니의 마음을 무참하게 짓밟는 일은 사람으로서 해서는 안 되는 일이었다.

그 할머니의 상처 받은 몸과 마음을 치유하거나 보호할 수 있는 방법이 안타깝게도 이 나라에는 없다. 현장에 당도한 집행관이 "아무래도 이건 아닌 것 같다"며 집행을 잠시 미루거나, 동행했던 재능교육 관계자들이 집행관을 만류하는 장면은 소설이나 영화 속에서조차 상상이 불가능한 일이다.

압류당한 재능교육교사노조 조합원의 남편은 "중국집 배달부가 음식값 몇만 원 횡령한 거는 구속 수사하면서도 대기업 총수가 수조 원 횡령한 것은 휠체어 타고 몇 번 방송에 나오다가 흐지부지 되는 나라인지라, 헌법에 보장된 집회·시위·결사·표현의 자유 다 필요 없고 회사가 신청한 가처분만 받아들여졌다"라고 분노했다.

전태일 열사 40주기를 맞는 2010년 11월, 나는 호남과 영남 지역을 며칠 동안 두루 돌아다녔다. 분신한 김준일 금속노조 구미지부장 소식과 함께 법원 주차장에서 자동차를 압류당하고 노조 사무실 집기들을 압류당했다는 재능교육 노동자 소식도 길 위에서 들었다.

단풍으로 화려하게 물든 산들을 볼 때마다 나치 시대 독일의 시인 베르톨트 브레히트가 쓴 시 '후손들에게'의 한 구절이 생각났다.

나무에 대해 이야기하는 것이
그 많은 범죄행위에 관해 침묵하는 것을 의미하기에

학습지 교사 노동자들이 그런 일을 겪어야 하는 세상에 함께 살면서, 산천초목의 아름다운 풍경에 대해 말하는 것이 무슨 소용이 있나 싶었다. 어느덧 예순 살 나이가 됐고 직장생활 하던 친구들은 대부분 은퇴·명퇴했다는 사실을 깨달으면서 불현듯 '이제 욕심을 버릴 때가 된 것이 아닌가' 하는 생각이 들기도 했다.

올라오는 기차 안에서 이 생각 저 생각을 해보았다. 어떻게 생을 마감할 것인가, 남은 인생을 앞으로 어떻게 소멸시킬 것인가 하는 고민을 처음으로 진지하게 해 봤다. 최소한 "노동자가 목숨을 걸어도 안 되는 일이 있다"고 절망하는 일은 없는 나라, 노동자들이 계속 죽음을 선택함으로써 노동운동의 전통을 이어가는 일은 더 이상 생기지 않는 나라가 되는 일에 남은 힘을 보태겠다고 감히 다짐하기도 했다. 전태일 열사 40주기를 맞은 2010년 11월에 재능교육 교사들의 싸움을 떠올리며 그런 생각들을 했다.

하기 어려운 이야기

잠깐 곁길로 빠져보자. 지난 학기 중간시험에서 대학생들에게 "노동조합의 생성 과정과 미래 사회 노동조합의 전망에 대해 설명하라"는 문제를 냈더니, 한 학생이 답안을 이렇게 시작했다. "두 명 이상 있는 어느 단체에나 문제가 생기기 마련이다." 많이 웃었지만 차마 부인할 수 없는, 일리 있는 주장이라는 생각이 들어 마음 한켠이 우울했다. 하물며 7년 동안이나 싸운 노동자들 사이에 어찌 갈등이 없으랴.

2014년 2월 26일 열린 민주노총 서비스연맹의 정기대의원대회에서 진풍경이 벌어졌다. 2013년 사업을 평가하면서 재능교육지부의 투쟁 내용 중, 그동안 재능교육 노동자들의 주요 요구사항이던 단체협약의 원상회복과 해고자 전원 복직에 대해 "해결 기반을 마련함"이라고 표현된 문구를 "해결함"으로 수정해야 한다고 요구하는 사람이 있어 받아들여진 것이다. "해결 기반을 마련함"이라는 표현을 군이 "해결함"으로 바꿔야 한다고 예민하게 반응한 이유가 무엇일까? 아직 해결되지 않았다고 주장하는 사람들이 있기 때문이다.

재능교육 투쟁이 일단락됐다고 생각하는 사람들이 있다. 하지만 그 뒤에도 시청 앞 환구단 농성은 이어졌고 지금도 혜화동 재능교육 본사 앞에는 재능교육 농

성장이 자리하고 있다. 꺼내기 어렵지만, 이에 대한 이야기로 이 글을 마치려고 한다.[3]

2012년 3월 재능교육 회사는 서비스연맹을 통해 '해고자 복직, 단체교섭 사후 논의'로 요약할 수 있는 안을 제시했다. 서비스연맹은 노동자들이 이 안을 수용할 것을 원했던 것으로 보인다. 하지만 전국학습지산업노조 강종숙 위원장과 재능교육지부 유명자 지부장은 앞서 설명한 것처럼 오랫동안 지켜온 '단체협약 인정, 해고자 복직 일괄 타결'이라는 원칙에 어긋나는 그 안을 받아들일 수 없었다. 내심 받아들이고 싶은 사람도 있는 것 같았지만, 결국 조합원 만장일치로 거부했다.

2012년 5월부터 교섭이 재개됐지만 강종숙 위원장과 유명자 지부장은 단체협약 원상회복이 우선이라는 입장을 끝까지 유지했다. 그러던 중 조합원 내부의 갈등으로 7월 학습지노조 유득규 사무처장과 재능교육지부 오수영 사무국장이 차례로 임원에서 사퇴했다. 단 몇 줄의 문장으로 간단히 설명했지만, 그동안 조합원들 사이에서 빚었던 갈등은 꽤 깊었다.

서울시청 부근 재능교육 사옥 앞 환구단 입구의 천막 농성은 계속 이어졌다. 사실 천막이라고 표현하기에도 어려운 시설이었다. 천막 설치가 불법이라고 계속 철거해대는 바람에 파라솔에 비닐을 둘러 겨우 바람을 막고 있는 형편이었다. 파라솔도 지지대를 사용해 곧게 세우면 '위법'이라고 해서, 눕혀진 파라솔의 반대쪽만 겨우 가린 형국이었다. 방문객들이 찾아가면 "그래도 대문이 있다"면서 한쪽 입구를 가렸던 피켓을 열어준다. 철거하면 다시 치고, 철거하면 다시 치기를 7년째 계속했다. 비바람 속에 플라스틱 의자만 달랑 갖다놓고 농성장을 지킨 적

----
3) 이하 내용은 '갈라진 재능투쟁, 다시 함께 날 수 있을까'(이태영, 사노넷, 2013.8.1.) 등 이 무렵 발표된 문건들의 내용을 참고했다.

도 여러 번이다.

2013년 2월 6일, 재능교육의 오수영, 여민희 두 조합원이 혜화동성당 종탑에 올라가 농성을 시작했다는 소식을 들었다. 나는 유명자 지부장에게 "사전에 합의된 투쟁전술이냐?"고 물었다. 유명자 지부장은 아니라고 했다. 몇 년 동안 투쟁전술을 논의해왔던 공대위 참여 단체들도 사전에 얘기를 듣지 못했다고 했다.

두 조합원이 종탑에 올라간 날, 재능교육 유득규 조합원은 기존 공대위와 논의 없이 확대회의를 열겠다는 연락을 돌렸다. 2011년 이후 공대위에 불참하며 "재능지부 투쟁을 거의 방기했다"는 말을 들을 정도로 미온적이었던 서비스연맹을 비롯해 통합진보당까지 회의 구성원에 포함됐다. 유득규 조합원은 당시 학습지노조 사무처장에서 스스로 사퇴한 상황이었으므로 임원이나 간부도 아니었다. 2년 만에 회의에 들어온 서비스연맹은 곧바로 유명자 지부장의 임기 문제를 제기했다. 임기는 유명자 지부장뿐만 아니라 학습지노조 임원 전체가 관련된 사항이었다. 그럼에도 서비스연맹은 유독 유명자 지부장과 강종숙 위원장의 임기에 대해서만 문제를 삼았다.

이때부터 재능교육 두생은 서비스연맹이나 통합진보당 등 힘 있는 단체들의 지원을 받는 '종탑 투쟁'을 지지하는 사람들과 외롭게 남은 강종숙 위원장과 유명자 지부장, 박경선 조합원의 '환구단 농성'을 지지하는 사람들로 나뉘어졌다. 오죽하면 투쟁 2,000일 기념집회를 종탑과 환구단에서 따로 열어야 했을까?

두 사람을 여전히 '위원장', '지부장'이라고 부르는 것에 문제를 제기하는 사람도 있지만 한 번 민주노총 위원장이었던 사람에게는 노동자들이 존경의 뜻을 담아 영원히 '위원장'이라는 호칭을 사용하듯, 두 사람을 계속 '위원장', '지부장'이라고 부르는 사람들도 많다.

강종숙 씨는 재능교육 교사는 아니다. 재능교육지부의 상급 조직인 학습지노조 위원장으로서 재능교육지부 투쟁을 함께했을 뿐이다. 2013년 말, 몇몇 사람들이 유명자 지부장을 위해 마련한 송년모임에서도 그는 "다시 한 번 강조하지만,

저는 재능교육 소속이 아닙니다. 경쟁회사 업계 1위 '눈높이' 대교 학습지 교사입니다"라고 자신을 소개해서 사람들을 웃겼다. 사람들이 그를 재능교육 교사로 오해했을 정도로 열심히 했다는 뜻이다. 그래서 그는 3년 동안이나 임금을 100퍼센트 압류당했다.

투쟁 2,000일 기념집회가 종탑과 환구단에서 따로 열렸을 때, 종탑 집회는 민주노총이 주관해 힘을 실어줬고 많은 단체들이 연대했다. 반면 환구단 집회에는 6년 동안 투쟁에 함께 했던 소수의 단체와 개인들이 모였을 뿐이다. 그런데도, 환구단 쪽 집회에 참석한 인원수가 더 많았다고 한다. 더욱이 콜트·콜텍, 유성기업, 현대차 비정규직, 골든브릿지, 쌍용자동차 등 장기투쟁사업장 노동자들이 대거 환구단 쪽 집회에 참석했다. 어떻게 이런 일이 가능했을까? 유명자 지부장의 입장을 이해하는 '개인'과 '동지'도 그만큼 많았다는 뜻이다.

종탑에까지 올라가 고생하는 노동자들과 그 지지자들을 비판적으로 바라보는 시각을 외부 사람들이 이해하기란 쉽지 않은 일일 것이다. 종탑 투쟁이 한창 논란이 되고 있을 무렵, 종탑 투쟁을 지지하는 박 모 시인이 환구단 농성을 지지하는 나를 겨냥해 글을 하나 썼다. 점잖은 문체지만 노회한 시인답게 '명망가라는 덫'이라는 제목부터 마음먹고 상대방에게 비수를 꽂는 내용이었다. 그 글에서 박 시인은 유명자 지부장에게 "왜 다수의 조합원들에게 배제당했는지 성찰하라"고 충고했다. 유명자 지부장의 환구단 농성을 지지하는 사람들은 종탑 투쟁을 향해 "왜 종탑에까지 올라갔으면서도 지지받지 못하는지 성찰하라"거나 "종탑에 올라가 고생한다고 그동안의 과오가 덮어지는 것은 아니다"라는 말이 목구멍까지 올라와도 삼키고 있는데, 종탑 투쟁을 지지하는 사람들은 그런 충고를 너무 쉽게 했다.

박 시인은 내가 종탑 투쟁에 대해 비판적으로 쓴 글들이 "종탑과 동지들에게 거의 인격 살인에 버금가는 발언"이라고 질타했다. 그러나 종탑 투쟁을 이끌어가는 노동자들이 그동안의 투쟁 과정에서 보였던 행위들에 비하면 오히려 많이 절제한 표현들이었다. 종탑 투쟁을 지지하는 사람들이 유명자 지부장이나 강종숙 위원장, 환구단 농성을 지지하는 사람들에게 퍼부은 독기 서린 말들은 "차마 눈 뜨고 보기 어려울 지경"이었다. 환구단 농성을 지지하는 사람들 역시 격앙된 표현으로 종탑 투쟁을 비난한 적이 없지 않지만, 제3자가 객관적으로 보기에도 '종탑파'들이 퍼부었던 비난에 비해 "그 양과 질에서 결코 비교가 되지 않는" 수준이었다.

이러한 차이는 어디에서 왔을까? 박 모 시인의 글을 읽자마자 나는 유명자 지부장에게 "과거 5년 투쟁하는 동안 박 모 시인이 재능교육 투쟁에 얼마나 결합했느냐?"고 물어봤다. 놀랍게도 "들어보지 못한 이름"이라고 했다. 나는 이것이 중요한 차이라고 생각한다. 오랫동안 재능교육 투쟁을 지켜봐왔던 사람들은 대부분 유명자 지부장을 지지하는 선택을 했고, 종탑 투쟁이 세상에 알려지면서 비로소 재능교육 투쟁에 결합한 사람들(노동운동도 어쩔 수 없이 '장사가 되는 곳'에 사람들이 모이기 마련이다)은 유명자 지부장을 비난하는 편에 섰다. 오랫동안 조합 내부에 빚어졌던 갈등의 시시비비를 잘 모르는 사람들에게는 종탑에까지 올라가 고생하는 노동자들을 비난하는 사람들이 세상에 둘도 없는 '악인'처럼 보였을 것이다. 그러나 착하거나, 착해 보이거나, 착한 척하는 생각들이 항상 옳은 것은 아니다.

재능교육 투쟁에 대해 한 마디라도 하고 싶은 사람이라면, 투쟁 5년 동안 농성장을 지키고 집회 참석을 열성적으로 해 온 조합원은 누구인지, 반면에 유명자 지부장과 강종숙 위원장은 밥 먹듯 했던 철야농성을 단 한 번도 하지 않은 조합원은 누구인지, 사회를 맡기로 한 날에도 집회 장소에 나타나지 않았으면서 밖으로는 재능교육 투쟁의 대변인처럼 행세해 온 조합원은 누구인지, 대외적 입지를 쌓는 일에 열중하느라고 재능교육 투쟁은 나 몰라라 했으면서도 그 경력을 내세우는 조합원은 누구인지, 귀한 조합비를 유용했다는 혐의로 물의를 빚었던 조합원들은 누구인지 정도는 알고 난 뒤에 한 마디라도 했으면 싶다. 유명자 지부장은 그런 사람들까지 조합원으로 계속 끌어안아야 하는 쉽지 않은 일을 5년 동안이나 감당해왔던 것이다.

재능교육지부 12명의 해고노동자들 중에는 과거 이현숙 위원장 시절에 집행부였던 조합원들도 포함돼있다. 그들 중에는 그동안 재능교육 투쟁에 거의 참여하지 않고 있다가 투쟁 막바지 무렵에야 결합해 종탑 투쟁을 지지하고 결국 회사 측과의 합의를 이끌어내는 데에 기여한 사람들도 있다.

역사에는 가정이 없다지만, 만일 투쟁이 4년째로 접어들었던 2010년 합류한 이현숙 지부장과 그 당시 집행부였던 사람들을, 재능교육 장기투쟁의 원인이 된 2007년 단체협약 체결의 책임을 물어 재능교육 투쟁 대오에서 받아들이지 않았다면, 사건이 지금 이렇게까지 전개됐을까? 종탑 투쟁을 주도한 다른 조합원들은 동의하지 않겠지만, 그렇게 되지 않았을 가능성이 높다는 것이 나의 조심스러운 진단이다.

2013년 8월 26일 종탑 투쟁은 회사와 합의안을 타결하고 끝났다. 당사자들은 '단체협약 원상회복'이라 주장했고 언론도 그렇게 표현했지만 "합의안을 들여다보면 결코 '원상회복'이라 할 수 없고 그 정도 수준의 합의안이었다면 몇 년 동안 이렇게 싸울 필요도 없었다"는 것이 강종숙, 유명자, 박경선 세 사람의 주장이다. 그래서 이 노동자들은 그 싸움을 멈출 수 없다고 했다.

분명한 사실은, 종탑에 올라갔던 노동자들이 이곳저곳에서 '종탑녀'라고 소개 받으면서 칭송을 받는 시간에도 유명자 지부장, 강종숙 위원장, 박경선 조합원은 시청 앞 환구단이나 혜화동 재능교육 본사의 농성장을 지키고 있었다는 것이다. 추운 겨울 차가운 길바닥 농성장에서 새해맞이를 일곱 번이나 해낸 유명자 지부장이 여덟 번째 새해맞이를 또 길바닥에서 하는 일은 제발 없었으면 좋겠다.

'거리농성 2,267일'째이던 2014년 3월 5일 〈한겨레21〉 2000호 기념 특집 인터뷰를 하기 위해 유명자 지부장을 만났다. "이렇게 오랜 세월 동안 싸우는 이유가 뭐냐?"고 상투적인 질문을 했다. "기본을 지킨 것밖에 없어요. 그래서 인터넷 아이디들도 '답게살자(dobgesalja)'예요"라며 수줍게 웃는다. 기본을 지키기 위해,

인간답게 살기 위해 길바닥에서 7년을 싸워야 하는 세상이다.

　그 이튿날 세 사람은 시청 앞 환구단 농성장을 혜화동 재능교육 본사 앞으로 옮겼다. 너무 외진 곳이라 시청 앞으로 옮긴 게 4년쯤 전인데, 다시 외진 곳으로 갔다. 부디 잊지 말아주시기를⋯⋯.

2007. 5. 17 재능교육 노사 임·단협 체결. 이후 오히려 조합원들의 수수료가 10만 원에서
100만 원 이상까지 삭감. 노조 천막농성 시작. 사측은 이는 개인별 차이이며 경우
에 따라 수수료가 늘어난 경우도 있다고 반박.

2007. 12. 21 노조, 문화제에 이어 농성천막 설치하려 했으나 80여 명의 정사원으로 이루어진
구사대에 의해 폭행 및 저지 당함. 이후 15차례 구사대에 의한 폭력 침탈 반복.

2008. 3 사측, 노조에 대한 방해금지가처분 신청. 법원 수용. 이후 급여통장 가압류.

2008. 10. 31 사측, 노조에 단협 해지 및 전임자 해제를 일방 통보. 노조 임원 2인(지부장, 사무
국장)에 위탁계약해지 통보.

2009. 5. 29 서울지방노동청 중재로 노사 교섭 재개(7월에 결렬)

2010. 3 사측, 용역 투입하여 여성조합원들에 폭력, 성추행, 언어성폭력.

2010. 6 노조, 사측에 노조 요구안 통보. 사측, 단협 체결 불가 고수하며 노측에 양보 요구.

2010. 8 혜화경찰서의 노조에 대한 집회금지 통고에 맞선 '집회금지 효력정지 가처분' 승소.

2010. 8 노조 간부 교사에게 조합활동을 이유로 부당해고 통보. 현장 조합원들에 노조 탈퇴
종용.

2010. 9. 5 사측, 용역 고용해 허위집회 신고를 위한 24시간 집회신고 대기 시작.

2010. 9. 15 농성투쟁 1,000일. 합법적으로 집회신고 된 장소에 용역 난입 폭력 난동.

2010. 10 혜화경찰서 사측 집회신고 이유로 혜화동 일대 노조 측에 집회금지 통고 재개.

2010. 10 사측, 가처분 위반에 따른 간접강제 신청하여 조합원들의 집의 가재도구, 승용차, 노
동조합 사무실 집기, 임금 100% 압류.

2010. 12. 30 남은 조합원 전원 추가 해고(재능교육지부 해고자 총 12인)

2010. 12. 31 조합원 개인주택 부동산 압류경매 진행.

2011. 3 재능교육지부 해고자 집단삭발 및 지부장 단식투쟁 돌입.
재능교육 OUT 국민운동본부 발족.

2011. 3   사측, 합의안 제시(단체협약은 체결 불가. 해고자 1인 제외한 11명 6~36개월 순차 복직). 노조, 해고자 전원일치로 거부.

2011. 9~10   고용노동부 국정감사에서 재능교육 박성훈 회장 증인 채택. 해외출장 이유로 2차례 모두 출석 거부.

2011. 11   '학습지 교사의 노동자성 인정과 노동기본권 보장' 위한 전국공동행동 진행.

2012. 2   암투병 중이던 해고 조합원 사망.

2012. 2~3   투쟁사업장들과 정리해고 철폐, 비정규직 철폐를 위한 공동투쟁 진행.

2012. 5. 2~11   기독대책위 혜화동 본사 앞 '집중 릴레이 기도회'

2012. 5. 13   사측, 교섭 요청(7월까지 12차례 교섭. 결국 결렬)

2012. 8. 28   사측 '최종안' 제시(합의 즉시 계약해지교사 11명 전원 위탁사업계약 체결. 위탁사업계약 체결 즉시 단체교섭 시작. 장기간 노사분쟁에 따른 민·형사상 고소·고발 취하 및 처벌불원 탄원서 제출. 해지교사 11명에게 생활안정지원금 및 노사협력기금으로 총 1억5,000만 원 지급. 조합활동을 이유로 불이익 처분하지 않음). 노조, 사측 최종안 거부(복직 대상자는 11인이 아니라 고 이지현 조합원 포함 12인임. '단체교섭 시작'이 아닌 '단체협약 체결'이 노측의 요구안임을 재확인)

2012. 11. 1   행정소송 1심 판결(부당노동행위 승소ー학습지 노조 합법, 학습지 교사 노조법상 노동자 인정. 부당해고는 기각)

2013. 2. 6   기존 환구단 농성과 별개로 종탑 농성 시작.

2013. 8. 26   종탑 농성 지지자 중심으로 '단체협약 원상회복'이 빠진 노사 합의. 이후 유명자 등 3인의 조합원만 남아 '단체협약 체결'을 위한 투쟁 계속.

No Workers No Music

·

콜트·콜텍 이야기

만화 마영신

1982년 서울생. 대표작으로 《뭐 없나?》, 《남동공단》, 《빅맨》, 《욕계》, 《길상》 등이 있다.
http://blog.naver.com/warehouse7

르포 이선옥

기록노동자. 주로 르포를 쓴다. 2010년 제18회 전태일문학상에 비정규직 노동자들의 이야기 "그대 혼자가 아니랍니다"로 기록문 부문 장편에 당선되었다. 전태일문학상수상집 《그대 혼자가 아니랍니다》, 용산참사 이야기 《여기 사람이 있다》, 장애인의 권리 이야기 《나를 위한다고 말하지마》를 함께 썼다. 어디에나 있지만 잘 보이지 않는 비정규직 노동자들, 그리고 투쟁하는 이들의 삶을 주로 기록한다. 간혹 관심 있는 사람들의 이야기도 기록하며 지낸다.

안녕하세요.
콜밴입니다.

와아- 짝짝 짝-

바쁘실 텐데 이렇게들 모여 주셔서
감사드리고요, 그럼 부족하지만
첫 곡을 시작하겠습니다.

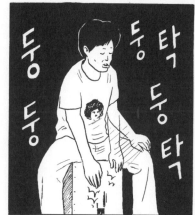

임재춘/드럼
(해고노동자)

잘 잤어요?

처음엔 여기서 잠 못 자요.

이 주변으로 트럭이
밤새 지나가는데 지나갈 때마다
바닥으로 진동이 울리고

바람이 천막을 막 흔들고 가니까
꼭 파도 위에 있는
배에서 자는 거 같죠.

겨울엔 그래도
껴입으면 괜찮은데…
여름엔 더워서
자기 힘들어요.

비 오면 나무 부분에
물이 새고 벌레,
개미도 많고 그래요.

하루 일과는 아침 6시에
일어나서 밥을 하고

7시 30분부터 9시까지
본사 1인 시위를 하고 돌아와서 아침을 먹어요.

씻는 건 옆에 대우 농성장에 가서 하는데 지금은 거기도 문제가 생겨서 지부장 집까지 걸어가서 씻고 와요.

물이 안 나오니까…

점심은 1시에 먹고 7시에 저녁을 먹어요.

빨래는 집에서 일주일에 한 번씩 빨고 그러죠.

그나마 좀 다행인데… 딸이 나보고 이제 빨리 끝내고 오라네요.

…중간에 그만두고 싶다는 생각도 했었죠.

딸이 이제 대학 졸업을 하는데 그동안 장학금도 받고 알바도 해서 등록금을 마련했어요.

하지만 도움 주는 사람들도 많고… 그만두면 안 되죠.

이인근/보컬·기타
(해고노동자)

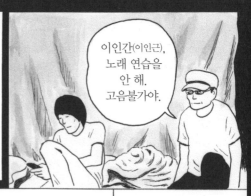

이인간(이인근),
노래 연습을
안 해.
고음불가야.

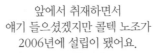

뭐… 얼굴이 되니까
괜찮아요.

앞에서 취재하면서
얘기 들으셨겠지만 콜텍 노조가
2006년에 설립이 됐어요.

노조가 생기기 전까지
노동환경이 말도 못했죠.

그때 직원들 연봉이
1,500에서 2,100만 원
정도였어요.

저임금에도
회사가 어렵다고 하면
자재도 아껴 쓰고

쉬는 날도 없이
하루에 11시간씩 근무하고
주말에도 일했는데

갑자기 회사가
적자가 났대요.

서류조작을 해서 한국엔
위장 폐업을 하고 중국,
인도네시아에 공장을 세운 거죠.

몇 백억씩 흑자를 냈으면서
적자라니…

노조가 생긴 바로 다음 해에
공장을 폐쇄해버렸으니까…

평소 웃을 일이라…

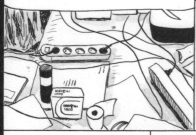

평소엔 뭐… 거의
웃을 일이 없죠.

사람들이 와야 그나마
말장난도 하고… 공연할 때 좀
웃고 그래요.

이 투쟁을 시작할 때
막내가 초등학생이었는데
이제 고등학생이 됐어요.

애들 엄마가
돈을 벌어야 하니까 집에서
애들 돌보지도 못했죠.

사실 애들한테 아빠가 돼서
많이 미안하죠.

어디 가서 사람들이
아빠 뭐하시냐고 물으면
어린애들이 뭐라고
답하겠어요.

이 투쟁이 언제까지
갈지 모르겠지만…
포기하지 않을 거예요.

절대…

김경봉/베이스
(해고노동자)

사실 우리도 해고되고 나서야 이 사회가
어떤 문제를 안고 있는지 알게 됐죠.

평소에는 관심도 없었으면서
문제가 생기니까 자기 이익을 위해서
우리가 투쟁을 한다고

사람들이
말하는데…
이해돼요.

가뜩이나 먹고 살기 힘든데
이런 일에 관심 갖기가 어렵겠죠.

전 이렇게 생각해요.
진실을 바라보는 건 거울 속에 비친
보고 싶지 않은 자신의 모습이라고.

그래서 사람들은
이런 고민을 하기도 전에 체념을 하고
생각 자체를 하지 않는 거 같아요.

말
잘하네.

그게 편하니까…
결국 본인들한테
비슷한 일들이 생겨야
그때서야
진실을 바라보고
외치겠죠.

제가
그랬으니
까요.

평소엔
뭐하고
지내냐고요?

그냥… 연주 연습하고
페이스북하고 그래요.

가족들은 여기에 한 번도
오지 않았어요.

자식이 셋 있는데
이제 서른 다 돼가는
큰애가 나보고

외국에도 비정규직이 다 있는데
뭐가 문제냐고 하대요.

아빠가 이렇게 살고 있는 걸
얘길 해줘도 이해를 못 하는 거죠.

큰아이가 아빠를 이해해줬으면 좋겠는데…

장석천/기타
(해고노동자)

조합원
26명 중에 8명이
투쟁하고 있는데
나머지 18명이
다른 일을 하면서
매달 10만 원씩
도와주고 있어요.

그걸로 세 사람이
도움을 받고 있죠.

회사 잘리고 나서 자본의 발가벗은
실체를 알게 된 거죠.

그 전엔 전혀 몰랐어요.
우물 안 개구리처럼 살았던 거죠.

앞으로 이 투쟁이
어떻게 될지 모르지만…

시작이 있으니
끝이 있을 겁니다.

마무리를
잘해야 해요.

지더라도 마무리를 잘해야 합니다.

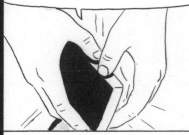

앞으로의 미래는
어떨지 모르지만

다른 직장을 얻게 되면
그땐 떳떳하게
얘기할 거예요.

잘못된 게 있으면 뭐가 잘못된 건지
요구할 거예요.

부끄럽지만 이제 세상에
눈을 뜬 거죠.

저는 지금 집 안팎으로
압박이 심해요.

제가 장남인데 홀어머니랑
둘이 살고 있었어요.

투쟁하는
사람한테
누가
시집을
오겠어요?

얼마 전에 어머니가 병원에
두 번 다녀오시고 난 이후에 저한테
이제 그만하고 내려오면 안 되냐고 말씀하셨어요.

지금은 건강이 나빠진 어머니가
걱정될 뿐이에요.

이동호/사진·영상촬영
(해고노동자)

저는 콜밴 공연과 시위, 농성장에서 하는
문화행사들의 사진을 찍고 동영상을 촬영해서

페이스북이나 카페에
올리고 관리해요.

박수를
못 치거든요.

사람들이 저보고
탬버린이라도 들고
같이 밴드 공연을 하라는데
같이하고 싶어도 못해요.

제가 분신자살
시도를 했었어요.

나는
가정도 없으니까
나 혼자 죽어서
문제를 해결해야겠다
생각했었죠.
그럼 해결될까
해서요.

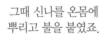

그때 신나를 온몸에
뿌리고 불을 붙였죠.

주변 사람들이 불을 꺼서
목숨을 건졌는데 여름이었으면
아마 죽었을 거예요.

더러운 세상 살기 싫은데
사람들이 죽게
내버려두질 않네요.

제가 장남인데
아버지하고 동생이랑
셋이 살아요.

분신 이후에
밤 10시까지
통금시간이 생겼고
집에서 1시간 마다
전화해서 어디냐고
확인을 했죠.

2년 동안
병원 치료를 하고 나서
다시 투쟁을 하러 나갈 땐
잠은 집에서 자는
조건으로 시작했어요.

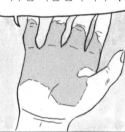

아까 박수를
못 친다고 했는데
박수를 치면 손이 아파요.

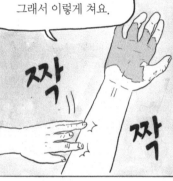

그래서 이렇게 쳐요.

짝

짝

사타구니 살을 이식했는데
조직이 다르다보니까 겨울엔 애리고
시리고 갈라져요. 평생 아프다고 하네요.

그때 이후 계속 보습제랑
선크림을 섞어서 바르고 있어요.

왼손은 회사에서 산재처리를
안 해주려고 그랬던 손가락들인데…

기다리다 지쳤어요

야, 저 아저씨들 저기서 만날
왜 저러는 거야?

저 사람들
빨갱이래.

빨갱이?

그게 뭐야?

먼 길

이선옥

해고의 풍경

#1

그날도 다른 날과 다름없었다. 이른 아침, 일요일 내내 늘어져 아직 찌뿌둥한 기운이 남은 몸을 겨우 일으켜 통근버스를 탔다. 버스가 다니지 않았다면 이상하다 여겼을 텐데 여느 날처럼 제 시간에 버스는 왔고, 모두들 타야 하는 자리에서 어김없이 차에 올랐다. 오늘 하루도 출근해서 열심히 일해야 정해진 날에 월급이 들어오니까. 월급이 나와야 한 달 동안 또 살 수 있으니까.

모든 직장인들이 그렇듯 콜텍에 다니는 김경봉 씨도 새로운 일주일을 출근으로 시작하고 있었다. 그 아침의 출근길이 어떤 일의 시작이 될지 꿈에도 몰랐다. 그의 동료들도 아무도 몰랐다. 모든 일은 그날 시작되었다.

#2

내용증명 우편물이 왔다고 한다. 올 것이 왔구나 했다. 회사는 4월부터 구체적인 숫자를 입에 올렸다. 동료들은 술렁이기 시작했다. 막연했던 두려움이 구체적인 공포로 확 다가오면서 불안은 온 공장을 감쌌다. 아내는 차마 회사가 보낸 우편물을 열어보지 못했다. 애써 미뤄두었던 고통을 내 손으로 실감나게 확인시키고 싶지 않았을 것이다. 이걸 보는 순간, 다시는 열어보기 이전의 시간으로 돌아갈 수 없다는 직감.

그 때 허리춤에 찬 전화기로 문자가 왔다.

"전화를 안 받아 문자 보냅니다. 근로계약해지통보서가 발송되었습니다. 죄송합니다. 팀장. 6월 2일."

죄송하다고 말하고 있었다. 아내가 열어 본 우편물에서도 회사는 죄송하다고 말하고 있었다. 전화기를 뽑아 쥔 손이 떨렸다.

#3

2006년 3월 6일 새벽 4시 59분. 택배 일을 하는 노동자에게 문자가 한 통 날아들었다. 이 시간에 문자가 올 리 없으니 아마 술 취한 어느 사람의 실수이겠거니 했다. 그런데 문득 불안했다.

"06년 3월 6일 24시 부로 계약이 해지되었으므로 배차중지와 사업장출입제한을 통보합니다."

차라리 취객의 주정이었으면……. 모두가 단잠에 빠진 새벽, 전화기 화면은 어둠 속에서 유난히 빛났다. 그는 한참 동안 전화기 화면만 들여다보았다. 새벽에 달아난 잠은 다시 돌아오지 않았다.

#4

"낼부터 회사에 출근치 마시고 궁금하신 사항은 저한테 전화주세요."(기륭전자)

"귀하는 2006.3.7(화)일자로 인사규정 제28조에 의거 직위해제 되었음을 통보함."(KTX)

"금일 18시 이전까지 복귀한 차량에 대해서는 계약유지관계에 대하여 협의가 가능하나 해당시간까지 미복귀자는 자동 계약해지됨을 최종 통보합니다."(대

한통운)

택배회사 노동자 뿐 아니라 구로공단의 부품회사에서 파견직으로 일하던 노동자도, KTX열차 승무원으로 일하던 노동자도 어느 날 건조한 문자를 받았다. 2000년대 들어서 갑자기 성행한 해고 방법, 이른바 '문자해고'다.

그만두라고 말하는 상사의 책상에 호기롭게 사표를 던지거나, 면담을 하고 저녁식사를 대접하며 "회사 사정이 이만저만해서 미안하게 됐다"고 말하는 상사의 모습 같은 건 드라마 속에서나 볼 수 있는 장면이다. 문자해고는 그 정도의 온기마저 없다.

괴물 같은 세상

백만장자인 미국의 부동산 재벌 도널드 트럼프가 출연한 리얼리티 쇼 프로그램 '어프렌티스'가 한국에서도 인기를 끈 적이 있다. 그는 자기 기업에 고용되기 위해 도전한 젊은이들에게 과제를 주고 경쟁시켜 한 명씩 탈락시킨다. 단계별로 반복되는 심사 자리는 긴장이 흐르고 도전자들은 잔뜩 얼어붙어 있다. 그는 마지막 순간 "유 파이어!(넌 해고야)"라는 냉정한 한 마디를 던지며 도전자들을 차례로 탈락시킨다. "유 파이어"는 이 쇼의 상징이 되어 큰 인기를 끌었다. 경쟁에서 탈락한 젊은이들은 간혹 울기도 했지만 모두 담담하게 떠난다. 그 프로그램을 보면서 이런 저런 생각이 들었다.

할리우드 영화나 미국 드라마에 자주 등장하는 장면들. 아무렇지 않게 "유 파이어"라 던지면 살짝 불쾌해 하며 털고 떠나는 모습. 해고 통보를 저렇게 정면에서 하는 것도 낯설고, 바로 나가는 모습도 낯설다. 어떻게 해고가 저렇게 덤덤할 수 있을까? 저것이 미국 사회의 일반적인 모습이라면 부러워해야 할까, 끔찍해해야 할까?

미디어 속 해고의 모습은 한국도 별로 다르지 않다. 큰 인기를 끌었던 시트콤에서 식품회사를 경영하는 순재는 걸핏하면 화난 모습으로 "저거 짤라"라고 말한다. 사위도, 상무도, 부장도 늘 짤릴까봐 조마조마하고, 실제 짤리기도 한다. 한국의 드라마에서 사장이 직원을 해고하는 모습은 자연스럽다. "짜른다"는 표현도 흔하고 별 거부감이 없다.

드라마뿐 아니라 요즘 유행하는 게임에서 사장 캐릭터는 점원들을 캐시로 '구매'하고 언제든 '해고'한다. '고용'이 아닌 '구매'다. 직원을 더 채용하려고 구매하기 버튼을 누르는데 마음이 착잡했다. 어차피 게임 안의 가상 세계인데 '고용하기' 버튼으로 만들어도 될 텐데…… 가상이어도 사람을 '구매'하는 것이 영 꺼림직했다. 이걸 만든 사람도 누군가에게 고용된 직원일 것인데, 아마 이 게임을 설계하면서 고용과 구매라는 용어를 두고 고민한 직원도, 구매라는 말이 가진 비인간성에 대해 고민한 직원도 없었을 것이다.

우리는 사장이면 당연히 직원을 마음대로 해고할 수 있다고 생각한다. 내가 사장이라면 마음에 안 드는 직원을 자를 수 있고, 그건 사장이 가진 당연한 권리라 여긴다. 그래서인지 드라마든 영화든 "넌 해고야"라는 말은 흔히 볼 수 있지만, 당하는 사람이 해고에 저항하거나, "해고는 살인"이라 외치는 장면은 찾아보기 어렵다. 그런 일은 뉴스에서나 볼 수 있는 사건, 사고 중 하나일 뿐이다.

2008년, 우연히 전국의 비정규직 사업장을 돌면서 노동자들의 투쟁을 기록하게 되었다. 비정규직 문제에 대한 싸움이 많이 일어나던 때였고, 쌍용자동차는 대규모 정리해고를 앞두고 있었다. 그 순회 투쟁의 둘째날 대구에 들렀는데 해고 후 천막 농성을 하고 있는 비정규직 노동자들의 집회에 참가했다. 중학생을 가르친다는 한 여교사는 아이들이 "무능하면 짤리는 게 당연하죠"라고 아무렇지 않게 말한다고, 세상이 너무 괴물 같다고 했다. 부유한 집 아이들도 아니고, 누굴 짜르기보다 짤리는 처지에 설 아이들이 대부분인데, 해고를 개인의 능력 문제로 바라보고 경쟁으로만 생각한다는 것이다. 나는 세상이 너무 괴물 같아서 그런 아이들이 생겼다기보다, 그냥 그런 아이들이 이미 괴물인 거라고 했다. 타인의 고통에 공감할 줄 모르고 약자와 연대를 가로막는 사회가 만들어낸 괴물. 친구조차 경쟁자라 가르치며 오직 제 성공에만 집중하라고 강요하는 어른들이 만들어낸 괴물.

무능해서 당하는 자연스러운 일, 사장이라면 당연하게 가진 권리. 우리가 일상에서 만나는 해고는 이런 느낌이다. 아이들뿐 아니라 어른들도 그렇다. 콜텍악기 노동자들도 그렇게 생각했다. 그날 그 공고문을 보기 전까지만 해도.

오래전 그날

2007년 4월 9일, 월요일. 충청남도 계룡시에 있는 (주)콜텍악기 대전공장에 휴업을 알리는 공고문이 붙었다. 4월 9일부터 휴업을 하고, 석 달이 지난 7월 10일자로 공장을 폐업한다는 공고였다. 공장의 정문은 사슬로 묶인 채 잠겨 있었다.

'어제까지 아무 일 없던 공장인데, 그리고 오늘은 월급날인데…….'

통근 버스에서 내린 노동자들은 어리둥절했다. 여기저기 사람들이 웅성거리기 시작했다. 70명 가까이 되는 직원들 중에 공장이 휴업할 걸 안 사람은 한 명도 없었다. 관리직들은 아무도 출근하지 않았다. 누군가는 그 공고문을 붙이고 문을 잠그고 했을 텐데 어쩌면 그리 감쪽같이 모를 수 있는지 신기했다. 아무도 귀띔조차 해주지 않았던 걸까. 어떻게 그런 일이 일어날 수 있었을까. 콜텍악기에 다닌 김경봉 씨와 장석천 씨는 그날 아침의 풍경을 이렇게 말했다.

"통근버스가 정상으로 운행을 했지. 기사도 전혀 문 닫은 걸 몰랐으니까. 기사도 하루아침에 짤린 거야. 관리직들만 알고 있었고 나머진 아무도 모른 거지. 버스가 대전 들러서 회사 도착하면 거의 한 시간 정도 걸리고 도착하면 아침 8시쯤 되는데, 내리니까 사람들이 안 들어가고 있는 거야. 웬일인가 하고 봤더니 문이 걸어 잠겨 있고 공고판이 붙어있는 거지. 합판에 타이핑해서 쓰고 겉은 비닐로 싸서 붙였더라고. 그땐 전혀 예상을 못했던 일이니깐 느낌이란 것도 없고 그냥 황당한 거지. 전혀 생각을 못했으니까. 그 전에 회사가 공장을 축소하려고 했던 일은 있지만 그렇게 문을 닫을 줄은 꿈에도 생각을 못했지. 이게 일시적인 거냐, 장기적인 거냐, 완전 폐업이냐, 이런 생각조차 없었고."(김경봉)

"4월 9일자로 휴업을 공고하고 7월 10일 날 폐업을 한다, 휴업에 따라 출입을 봉쇄하겠다 그런 공고판이었어. 공장장, 팀장, 사무실 하부직까지 알고 있었던 거야. 그때 당시 생산라인의 직·반장들이 조합원이었는데 정보가 새면 우리가 막을까봐 사무실만 알고 있었던 거야. 황당했지. 공고라는 거에 대해서도 몰랐고. 그동안은 노사 간에 공문으로 서로 요구조건을 보내거나 협상을 하거나 했으니까 회사가 공고문으로 문을 닫을 거란 생각도 전혀 못했고 공고가 어떤 효력이 있는지도 몰랐어. 그래서 부랴부랴 변호사를 부른 거고. 조합원이나 집행부도 '올 것이 왔다' 이게 아니라, '어, 이게 뭐지?' 이런 느낌이었어. 진짜 공장이 문을 닫을 거라고는 생각을 안 했지. 박영호 사장이 대전공장에 대한 애착이 컸거든. 대전공장에서 알짜배기로 돈을 벌었어. 그래서 회사가 노조를 없애려고 초강수를 두었구나 그렇게 생각했지."(장석천)

콜트콜텍은 본사인 콜트악기와 계열사인 콜텍악기를 함께 부르는 말이다. ㈜콜트악기는 기타를 만드는 회사로 한국뿐 아니라 세계 시장에서도 알아주는 브랜드다. 펜다나 아이바네즈 같은 유명 기타회사에 납품하고, 세계 기타 시장의 30퍼센트를 점유할 정도로 튼실한 중견기업이다. 수출을 많이 하는 회사라 IMF 위기에는 오히려 환차익으로 엄청난 이윤을 내기도 했다. 먼저 설립된 인천의 콜트악기는 일렉트릭 기타를, 그 뒤 설립된 대전 콜텍공장은 어쿠스틱 기타를 생산했다. 콜트와 콜텍 모두 같은 사장이 경영하는 회사다. 콜트악기가 먼저 노동조합을 만들었고, 나중에 생긴 콜텍악기는 2006년도에 노동조합을 만들었다. 공장은 떨어져 있어도 이들은 제조업 노동자들로 금속노조의 각 지역지부에 속해 활동해왔다.

콜트콜텍은 한 해 100억 원이 넘는 순이익을 낸 일도 있고, 기본으로 해마다 수십억 원씩 흑자를 냈다. 박영호 사장은 한국의 부자 순위에서 120위를 차지하기도 했다. 그런 회사가 경영상 위기라고 하니 노동자들은 믿기 어려웠다.

멍하니 공장 문을 바라보던 사람들이 웅성대기 시작했다. 노동조합이 만들어진 후 회사와 협상도 하고 투쟁도 했지만 이런 일은 처음이었다. 어떻게 해야 할지 몰랐다. 황당하고 막막하기는 노조 집행부도 마찬가지였다. 집행부라 해도 1년도 채 안 된 활동 경험으로 이런 큰 사태에 대비하기는 어려웠다. 2006년 노조를 만든 후 단체협상을 체결하고 임금과 노동조건에 대해 회사와 협상을 하던 중이었다. 4월 9일에 협상을 시작할 계획이었으나, 바로 이날 회사는 휴업 공고를 낸 것이다. 많이 당황했지만 빨리 조합원들을 추슬러야 했다. 벌써 모여서 얘기하던 조합원들 일부는 어딘가 통화를 하고 난 후 술렁거리는 대열에서 빠져나가고 있었다.

우선 급하게 지역의 금속노조 지부에 연락을 했다. 콜텍악기 노조는 민주노총 금속노조 대전충청지부 소속이다. 연락을 받자마자 지부의 간부들이 달려왔고, 그동안 노조의 일을 도와주던 변호사도 도착했다.

곧 대책회의를 열고 일단 공장 안으로 들어갔다. 날마다 들고 나던 공장이었지만 잠긴 문을 열고 걸음을 내딛기는 어려웠다. 변호사가 "휴업 공고를 냈다 해도 노동조합 사무실이 공장 안에 있으니 일단 조합원들이 노조사무실에 들어가는 것은 불법이 아니다"라고 말해주었다. 회사는 늘 "우리는 한 가족이고 회사의 주인은 여러분"이라는 소리를 했지만, 현장에서 일하는 '가족' 중에 공장 문을 닫는다는 걸 안 사람은 아무도 없었다. 혹시 저 문을 넘어섰다가 어떤 일을 당할지 몰라 들어갈 수 없는 사람들이 주인일 수도 없었다. 노동자는 그저 노동자일 뿐이었다.

노동조합에서 사무장을 맡고 있던 장석천 씨와 몇 사람이 담을 넘어 뒷문으로 들어가 문을 열었다. 아침 8시부터 모인 조합원들은 오후 5시가 되어서야 공장 안으로 들어갈 수 있었다. 긴 시간 동안 정문 앞에서 이런 저런 얘기들을 하며 기다린 조합원들은 식당 안에 모였다. 회사 관리자의 전화를 받고 돌아간 사람들 빼고는 모두 함께였다. 조금만 기다리면 다시 일하게 해주겠다고 밥도 사주고 노래방에 가서 놀게도 해주었다고 한다. 회사의 회유에 넘어간 12명을 빼고는 조합원들 아무도 돌아가지 않고 자리를 지켰다.

"우선 변호사가 조합원들을 계속 교육하면서 안심시켰어. 안 그러면 조합원들이 겁나고 혼란스러우니까. 휴업 공고에 3개월 후엔 폐업이다 그렇게 써놨으니까 노조에서 대응에 들어갔지. 우리는 워낙 흑자를 많이 냈고 건실한 회사니까 우리가 좀만 싸우면 얼마든지 돌아갈 수 있는 공장이다 그렇게 생각했어. 회의를 해서 내일부터 한 명도 빠짐없이 출근한다는 방침을 내렸어. 모여서 그렇게 얘기하고 여자들은 퇴근시간 맞춰서 보내고 남자들은 늦게까지 남았지. 다음 날부터 공장 안에서 농성할 농성조를 짰어. 처음 일주일 가까이 잠을 못 잤어. 사무실에서 자료라도 확보할 생각도 못하고. 절도라고 할까봐 손 못 대게 하고. 지금 생각하면 아쉽지만 그때는 순진해서 그런 생각할 겨를도 없었어."(장석천)

본의 아니게 공장을 점거하게 됐다. 점거라고 부르긴 했지만 작정하고 계획 세워 들어간 것도 아니고 정확하게는 공장을 비워둘 수 없어서 지키게 된 것이다. 갈 사람 가고 털 사람 털고 시작한 67명 조합원 중에서 44명이 남아 투쟁을 시작했다. 그렇게 얼떨결에 시작한 공장 점거는 2009년 회사가 가처분 신청을 넣어 조합원들이 끌려날 때까지 3년 정도 계속 됐다. 끌려나기 전 농성을 이어가면서 몇 차례 경찰이 들어오기도 했다. 그때마다 조합원들이 정문에서 등을 딱 이어붙이고 서로 팔짱을 껴 필사적으로 막아냈다. 조합원들은 그 뒤로도 꾸준하게 버텼다. 노조는 회사의 휴업을 '위장폐업'으로 판단했다. 위장폐업은 실제 경영이 악화되어 하는 것이 아닌 가짜 폐업을 말한다. 가짜 폐업이니 폐업을 이유로 해고된 노동자들은 당연히 부당해고라고 주장했다. 위장폐업과 부당해고를 되돌리고 다시 공장으로 돌아가기 위한 콜텍 노동자들의 싸움은 그렇게 시작되었다.

꿈의 공장

콜텍악기와 함께 인천에 있는 콜트악기 공장도 폐업과 정리해고를 당했다. 콜트악기는 콜텍악기보다 노동조합을 만든 지 오래된 곳이다. 콜트악기 노조는 노동조건을 개선하기 위해 열심히 노조 활동을 했고, 그게 싫었던 박영호 사장은 노조 없는 공장을 꿈꾸며 콜텍악기 공장을 세웠다. 노조가 없는 대전공장은 그야말로 사장의 '꿈의 공장'이었다. 실제로 박영호 사장은 콜텍공장을 '꿈의 공장'이라고 부르곤 했다. 대전공장의 노동자들이 노조를 만들기 전 인천의 콜트악기 노조는 대전에 내려와 선전전을 벌였다. 회사는 그들이 올 때면 작업장 밖에서 문을 걸어 잠갔다. 밖에서 문을 걸어 잠근 건 감금이나 마찬가지여서 그 얘길 들으면서 깜짝 놀랐다. 아니 어떻게 다 큰 어른들이 그런 일을 참고 넘어갈 수 있는 걸까. 만약 불이라도 난다면, 어떤 사고가 일어난다면 갇힌 공장에서 꼼짝없이 당하는 게 아닌가. 사고의 위험은 둘째 치더라도 노예도 아니고 사람이 일하고 있는데 밖에서 문을 걸어 잠근다는 발상이 가능한 것일까. 그걸 왜 그냥 참고 넘겼냐고 했더니 한 여성노동자는 그런 걸 항의할 수 없는 분위기였다고 했다.

행여나 노동조합이 생길까봐 그렇게 노심초사 하면서도 회사의 대우는 좋지 않았다. 인천 콜트악기 노조의 활동으로 심기가 불편해진 박영호 사장은 대전공장만큼은 '꿈의 공장'으로 설계했다고 한다. 그가 설계한 '꿈'은 이런 것들이다.

우선 노조가 없을 것, 임금은 적게 주고 이윤은 최대한 뽑을 것, 작업 환경은 최소한으로 갖추고 생산성은 최대한 높일 것. 그는 바라는 모든 것을 이뤘고 이 알짜배기 공장은 그야말로 꿈의 공장이 되었다. 하지만 그의 꿈이 이루어질수록 노동자들은 점점 꿈을 잃어갔다. 성실하게 일하고 적절한 대우를 받아 가족들과 행복하게 사는, 평범한 꿈들이었다.

우선 임금이 너무 적었다. 최저임금을 겨우 턱걸이한 액수라 상여금과 성과급을 받는 달에도 손에 쥐는 돈은 200만 원이 안 됐다. 같은 일을 하는데도 대부분

아주머니인 여성들의 임금은 더 적었다.

작업 환경도 많이 위험했다. 기타는 크게 성형, 도장, 완성 공정으로 나뉜다. 나무를 잘라 모양을 만들고 화학약품으로 표면 처리를 하고, 사포질로 윤을 내는 과정을 거친다. 그래서 작업장 안에는 늘 목재 분진과 유기 용제 냄새가 가득했다. 그런데도 공장 안에는 창문이 없었다. 일하다가 창밖을 쳐다보면 딴 생각을 하게 된다고 아예 창문을 만들지 않았다. 인천의 콜트공장은 있던 창문을 막아버렸다. "창문 하나 없는 곳에서 손가락 잘려가며 일했다"는 노동자들의 말은 과장된 수사가 아닌 현실이었다.

콜텍악기의 여성조합원 최정진 씨는 입사한 첫 날을 잊을 수 없다. 공장 안에 들어간 순간 따가워서 눈을 뜰 수가 없었다.

"2000년 6월 28일에 입사했어. 입사한 날은 안 잊어버려져. 수시로 사람을 뽑는데 이력서를 먼저 내고 기다렸더니 바로 연락이 왔더라고. 여기는 일이 적을 때는 사람을 괴롭혀서 나가게 만들고 일이 많으면 사람을 수시로 막 뽑아. 첫날 일을 하러 안에 들어갔는데 유기 용제랑 시너 그런 것들 때문에 눈이 매워서 눈물이 막 나더라고. 또 나무먼지 실먼지 이런 먼지가 말도 못해. 나는 사상반이라고 몸체 만드는 부서였는데 제일 힘든 과정이야. 팔목이 고장 났어. 나무를 매끈하게 다듬는데 굴곡이 있나 없나 만져보고 하루 종일 덜덜덜 하는 기계를 들고 하다 보면 손목이 엄청 아파. 처음엔 손이 부어서 안 구부러질 정도야. 아침에 일어나면 무지 힘들어. 가끔 사고 나면 다치고 그러거든. 다치면 되려 혼나고 쫓겨날까봐 말도 못해. 산재는 무슨 산재야. 크게나 다쳐야 산재로 들어가지. 나는 공장을 다녀본 적이 없어서 공장이 이런 데구나 그랬지."

공장이 원래 험한 일 하는 곳이라 다 이렇구나 그런 줄만 알고 넘겼는데 작업 환경만 험한 게 아니었다. 작업장의 분위기는 더 심했다. 그래도 견디면서 다녔다. 이런 곳에서 어떻게 일하나 싶어 바로 그만두려고 했는데 하루만 더 하루만 더 하다 보니 어느새 십 년이 넘어버렸다.

"다니다 보니까 규제가 너무 심한 거야. 독재도 이런 독재가 없다고, 여기는 완전 공산당이네(웃음) 그랬다니까. 창문도 없지, (작업장에) 들어가면서부터 시작해서 화장실도 제대로 못 갈 정도로 일을 시키는데 내가 일한 라인은 완전 중노동이야. 숫자 안 나온다고 막 지랄지랄하지 욕하지 이러니까 쉴 새가 어딨어. 화장실만 갔다 와도 벌써 눈초리가 달라지고 두 번 가면 큰일 나. 근데 좋은 게 월급이 제 날짜에 딱딱 잘 나왔어. 월급 날짜랑 보너스 날짜가 다르니까 월급 나오고 쫌 있으면 보너스 나오고 그런 거 때문에. 여자들이 힘들어도 돈 때문에 다니잖아. 계속 야근하고 특근하고 그럼 돈이 되니까. 그만둬야지, 힘들어 하다가도 돈이 또 나오고 열흘 있으면 또 나오고 이십일 있으면 또 나오고……. 처음엔 1년이나 다닐 수 있을까, 1년만 채워서 퇴직금 타먹어야지 그랬는데 하다보니까 몇 년 되더라고. 애들한테 한참 돈이 들어갈 때고……."

여성조합원들 사정은 대부분 비슷했다. 작은 도시에서 나이 든 여성이 일할 만한 자리라야 뻔했고, 그나마 튼실한 회사라 꼬박꼬박 월급이랑 보너스가 나오니 이만 한 곳이 없었다. 물량이 많을 때는 쉬지 않고 일했다. 손목이 시큰거리고 몸이 많이 아팠지만 산재는 신청할 수 없었다. 몸이 힘든 건 월급으로 보상받는다고 생각하며 견뎠다. 하지만 마음의 아픔은 쉽게 낫지 않았다. 만나는 노동자들마다 한 목소리로 인간적으로 모멸감을 느꼈다고 증언했고, 임금이 적고 작업 환경이 위험한 것보다 인간으로 대접받지 못했다는 사실에 더 분노했다. 특히 여성 노동자들은 폭언과 폭행, 성희롱을 많이 당했다. 생산라인에는 여성조합원들이 더 많았는데 이들은 주로 주요 공정 외 일들을 맡았다. 남성조합원들은 나이가 많은 여성들을 누나라고 불렀는데 "공장에서도 누나들이 제일 약자였다"고 했다. 관리자들은 여성조합원을 함부로 대했다. 이년 저년 소리를 들으며 일했지만 참았다. 물량이 줄 때는 나이 많은 여성들에게 사직서를 들고 와 억지로 사인하게 해서 내쫓기도 했다.

화장실에 갈 때면 허락을 받아야 했고 감시가 심하니 동료와 말 한 마디 나눌

틈도 없었다. 8시 반 출근인데 7시 20분부터 나와 일했지만 그런 초과노동은 당연한 듯 돈을 주지 않았다. 건의를 해도 해결이 되지 않을 뿐더러 관리자의 눈치를 봐야 하는 생산라인의 노동자는 건의할 용기가 없었다. 개인은 힘이 없었고 노동자들이 모두 뭉쳐 회사와 얘기해야 했다. 그리고 그 방법은 노동조합이었다. 노조 만들면 큰일 나는 줄로만 생각하고 살았던 이들이 결국 노동조합을 만들 수밖에 없었던 건 바로 이런 이유들 때문이었다.

노동조합이 생기고야 비로소 오전, 오후 15분씩 휴식시간이 생겼고, 다치면 산재 신청을 할 수 있었다. 7시 20분부터 나와 공짜 일 하던 것도 없어졌다. 그동안 여직원들에게는 주지 않았던 아이들 중고등학교 학자금도 이제 모두에게 나왔다. 무엇보다 욕설과 성희롱이 줄었다. 인간적인 모멸감을 받지 않아도 되었다. 그런 일을 당하면 달려가 신고할 노조가 생겼으니까. 여성조합원들은 한 목소리로 말했다.

"노조가 있을 때랑 없을 때가 하늘과 땅 차이였어. 너무 좋았어."

잠시 콜텍악기 공장은 노동자들에게 '꿈의 공장'이 되었다. 하지만 달콤한 꿈은 오래 가지 못했다. 노동조합이 생기고 1년 만에 회사가 공장 문을 닫아버렸기 때문이다. 잠시 모두가 꾸었던 행복한 꿈은 사라지고, 이제 오래전 그날부터 오늘까지, 8년이란 세월동안 노동자들이 꾼 긴 악몽이 시작되었다.

해고된 삶

콜트악기와 콜텍악기 노동자들이 노동조합을 만들기 전 수십 년 동안 얼마나 힘들었고, 공장 폐업 후 쫓겨난 8년 동안 어떻게 살았는지 이 짧은 글에 다 담기란 불가능하다. 콜텍악기는 67명으로 시작한 조합원들이 하나둘 떨어져 나갔고 그 과정에서 서로들 힘든 시간을 보냈다. 콜트악기 노조는 지금도 50개가 넘는 소송을 진행하고 있다. 콜텍악기 노조도 수십 건을 진행하다가 2014년 현재 부당해고에 대한 큰 판결 하나를 남겨두고 있다. 콜트콜텍 노동자들에게 지난 8년은 공장과 거리와 법원에서 보낸 시간이었다. 8년의 세월을 보내면서 이들은 해고 때문에 울고, 법 때문에 절망했다.

공장이 폐업되고 쫓겨난 콜텍악기 노동자들은 우선 회사가 위장폐업한 사실을 밝히기 위해 싸움을 시작했다. 위장폐업이라고 주장하는 일은 쉽지만 그것을 입증하는 일은 어렵다. 사법부에 고발을 하고 조사를 거쳐 판정을 받아야 입증이 되기 때문이다. 노동자들 모두가 뻔히 알고 있고 회사가 거짓말을 하고 있다고 해도, 실정법을 통하지 않고 그 주장을 인정받을 방법은 없다.

콜텍악기 노동자들은 우선 위장폐업으로 인한 부당한 정리해고니 이를 구제해달라고 지방노동위원회에 신청을 했다. 다행히 부당해고로 인정을 받았지만 회사가 재심을 요청했고, 결국은 정식 재판을 시작했다. 지방노동위원회에서 부당해고 판결을 받을 때만 해도 금방 다시 돌아가 일하게 됐다고, 이제 끝났다고 좋아했는데 그게 아니었다. '법'에 기대는 일은 해고 싸움의 끝이 아니라, 더 길고 어렵고 피 말리는 싸움의 시작이었다.

그동안 상식으로 여겼던 일들이 상식이 아닌 상황이 계속 벌어졌다. 그것도 어떻게 해볼 도리가 없는 법의 이름으로 판결이 나오니 막막하기만 했다. 회사라면 사장 보라고 그 앞에서 농성이라도 해볼 텐데 법원은 그런 투쟁도 불가능했다. 콜트와 콜텍 노동자들은 법에 대해 불신과 절망의 말을 자주 내뱉었다. 분통을 터뜨리는 그들의 모습을 보면서 나도 무기력할 때가 한두 번이 아니었다. 체제는 너무 견고하고 그에 맞서 싸우는 노동자들은 너무 초라했다.

그래도 그들은 최선을 다해 싸웠다. 아니 견뎠다. 언제 끝날지 모르는 소송을 기다리며 포기하지 않고 버티는 것만으로도 대단한 싸움이었다. 대전공장에서 점거농성을 하다 쫓겨난 콜텍 조합원 일부는 상경투쟁을 시작했다. 나머지는 생계를 위해 막노동판으로, 식당으로 허드렛일을 하러 떠났다. 그렇게 번 돈을 투쟁에만 전념하는 해고자들의 생계비로 지원했다. 재판에서 이겨 다시 공장으로 돌아갈 날을 기다리며 이들이 해온 일들은 셀 수 없을 만큼 많다.

2008년 10월, 이인근 콜텍악기 지회장은 양화대교 옆 송전탑에 올랐다. 15만 볼트 초고압 전류가 흐르는 위험한 곳이다. 국회의원들이 오가며 잘 보이는 곳에서 농성을 하면 회사가 교섭에라도 나오지 않을까 하는 생각이었다. 땅 위에서 해결하지 못한 짐들을 짊어지고 하늘에 올랐지만 고공농성은 별다른 성과 없이 끝났다. 19일 동안 고공에서 삭발과 단식까지 벌였는데도 그랬다. 그래도 이들의 싸움이 조금씩 알려지기 시작했다. 기타 만드는 노동자들이 벌이는 복직 투쟁은 기타와 뗄 수 없는 관계인 뮤지션들의 마음을 움직였다. 이들은 노동자들의 아픔이 서린 기타로 노래할 수 없다며 하나 둘 노동자들과 함께 하기 시작했다. "No Workers No Music, No Music No Life!" 이들의 구호는 간단했다. 노동자가 없이는 음악도 없고, 음악이 없으면 삶도 없다는 것. 자신들의 음악과 삶에 늘 함께한 아름다운 악기, 그 기타의 뒤안에 이렇게 노동자들의 아픔이 서려 있다는 걸 몰랐다.

다른 소비재와는 다른 기타의 특별함 때문에 뮤지션들은 마음을 다해 연대했다. 벌써 3년 넘게 매월 마지막 수요일마다 홍대의 클럽에서 공연을 하고 거리 공연에도 언제나 함께 한다. 기타라는 악기는 뮤지션들뿐 아니라 그림, 조각, 판화, 만화, 설치미술 작가들까지 모든 예술가들을 불러들였다. 그들은 스스로를 문화노동자라 불렀다. 기타 만드는 노동자들과 문화노동자들의 연대는 지금껏 콜트콜텍 공동행동으로 이어지고 있다. 기타 만드는 노동자들과 문화예술인들이 함께 하는 문화행동은 꾸준히 이어지고 있다.[1]

----

[1] 매달 마지막 주 수요일 홍대 라이브클럽 빵에서 열리는 〈수요 문화제〉, 매주 화요일 인천 부평구 갈산동 콜트콜텍 농성장에서 열리는 '야단 법석', 그 밖에도 거리문화제, 일인 시위, 불매 운동 등의 행동도 다채롭다. 공동행동 소식은 콜트콜텍+문화행동 블로그에서 볼 수 있다. http://cortaction.tistory.com/

해고자 밴드, '콜밴' 결성기

상경투쟁을 하기 어려운 여성조합원들은 농사를 짓기 시작했다. 조합원 집안의 땅을 빌려 고추와 깻잎 같은 농작물들을 심었다. 인근 매실 농장에 가서 매실을 따주고 품삯 대신 매실을 받아와 장을 담갔다. 된장과 고추장, 고추, 마늘, 깻잎 장아찌를 만들어 알음알음 팔기 시작했다.[2]

'장류 사업'은 들이는 품에 비해 큰 수입은 안 된다. 그래도 다달이 CMS로 고정후원을 해주는 분들에게 고맙다는 답례로 주는 데에 쓰이고, 여성조합원들에게는 이 농사일이 노동조합의 틀을 벗어나지 않고 삶을 공유하는 교류의 장도 된다. 3년 전 더운 여름날, 인터뷰도 할 겸 풀 뽑는 일을 도우러 밭에 나갔다. 땡볕 아래서 밭이랑에 쭈그린 채로 땀을 한 바가지 쏟았다. 그래도 언니들 네 명이 밭을 매며 두런두런 주고받는 집 얘기, 해도 해도 끝없는 노조 얘기, 그때만 해도 5년 차였던 장기투쟁 얘기를 들으며 무척 즐거웠던 기억이 난다. 사장 욕을 하는데도 충청도 사투리라 욕 같지 않고 순박하게만 들려 웃었던 기억, 남편 흉에서 시작해 남자들 흉으로 끝나던 뒷담화, 여고 시절 품었던 싱그럽던 꿈 얘기들……. 쉴 새 없이 일하면서도 수다는 그칠 줄 몰랐고, 쨍한 햇볕 사이로 언니들의 웃음소리가 부서졌다. 그렇게 그들은 삶을 이어가고 있었다.

2011년 연말을 지나며 콜텍악기 해고자들은 사고를 하나 쳤다. 평균 나이 50대. 평생 기타를 만들기만 했지 한 번도 연주해본 적 없는 아저씨들이 덜컥 밴드를 만든 것이다. 이름은 '콜밴'. 기타 2개, 베이스, 까혼으로 이뤄진 단출한 4인 밴드다. 소셜 펀치로 모금을 해서 초기 결성 자금을 모았고, 그 돈으로 강사를 구하

----
2) 콜텍장류사업단 〈산들바람〉. 물 맑고 공기 좋은 대전시 유성구 성북동에서 순수 국내 농산물로 방부제, 첨가제를 사용하지 않고 장류와 장아찌류를 만든다. http://cafe.daum.net/sntj1

고 악기상을 돌아다니며 기타를 샀다. 매주 모여 두어 달 연습을 하고 급히 데뷔 무대에 섰다. 안 틀리면 이상한 아마추어 해고자 밴드 콜밴은 사람들에게 정겨운 웃음을 줬다. 수십 개가 넘는 소송을 진행하며, 15만 볼트 송전탑에 올랐고, 본사 점거투쟁으로 전과자가 된 그들. 고공 농성장에서 콜텍의 지회장은 삭발과 단식을 하고, 콜트의 조합원은 분신을 시도했다. 농사 지어 마련한 돈에, 금속노조와 주변 사람들의 주머니를 털어 6차례나 해외원정도 다녀왔다. 국제 악기쇼가 열리는 독일, 미국, 일본을 찾아 콜트악기의 실상을 알렸고, 국내에서는 얼굴을 볼 수 없는 박영호 사장을 쫓아가 만나기도 했다. 이역만리 타국에서 오로지 박영호 사장 얼굴 한 번 보겠다고 시위를 하고 호소하는 일은 현지 교민들과 노동자들의 지원 없이는 불가능했다. 한국 교포들뿐 아니라 각국의 노동자들과 뮤지션들은 콜트콜텍 노동자를 위해 함께 싸워주었다. 미국에서는 RATM의 톰 모렐로(Tom Morello)가 연대의 공연을 해주었고, 2010년 일본에서 열린 후지락 페스티벌에서는 잭 델라 로차(Zack de la Rocha), 그룹 오조매틀리(Ozomatli) 등 세계적인 뮤지션들이 콜트악기 노동자를 위해 자기 무대를 잠시 빌려주기도 했다. 원정투쟁은 노동자는 국경을 넘어 하나라는 말을 실감하게 해주었다. 몸은 힘들었지만 평생 볼 수 없는 값진 경험이기도 했다. 오직 재판 결과가 나오길 기다리며 이들은 이처럼 파란만장한 시간을 보냈다.

간절한 질문

지방노동위원회, 중앙노동위원회를 거쳐 행정소송에 들어가 2심에서 이기고도 무려 2년 5개월을 기다려서야 대법원 판결이 잡혔다. 해고된 지 5년이 흐른 후였다. 노동자들은 5년 동안 맨몸으로 살아야 했지만 그동안에도 박영호 사장은 중국과 인도네시아 공장에서 생산을 계속했다. 하지만 법은 노동자의 편이 아니었다. 2012년 2월 23일 대법원 판결에서 콜트악기는 부당해고 판정을 받았고, 콜텍악기는 부당해고를 인정한 고등법원의 원심을 깨고 파기 환송되는 아픔을 겪었다. 오전에 열린 콜트 재판에서는 기쁨의 눈물을 흘렸고, 오후에 열린 콜텍 재판에서는 절망의 눈물이 넘쳤다. 하지만 기쁨의 눈물을 흘린 콜트악기 노동자들마저도 3개월 후 모두 재해고를 당했다. 이런 일이 가능할 것이라고는 생각하지 못했다. 한국에서 제일 권위가 있는 최고 사법기관인 대법원. 거기에서 해고가 무효라 판결이 났는데도 콜트악기의 사장은 다시 요건을 갖추었으니 정당한 해고라고 주장했다. 앞이 보이지 않는 절망. 이들이 해보지 않은 것이라곤 죽는 것, 딱 그거 하나였다.

그래도 그렇게 주저앉을 수는 없었다. 5년 동안 기다린 세월이 억울했고, 이런 일이 가능하다는 것을 인정할 수도 없었다. 다시 또 한 번 해보자고 일어섰다. 콜텍악기의 이인근 지회장은 "박영호 사장이 죽고 그 아들이 회사를 물려받는다 해도 나는 끝까지 싸울 것"이라고 했다. 하지만 이제는 죽을힘으로 죽지 말고 즐겁게 싸우기로 했다. 콜트콜텍의 해고노동자 밴드 '콜밴'은 이렇게 태어났다.

정리해고 된 것도 억울한데 8년이란 세월을 한을 가지고 살아왔고, 정리해고 된 날부터 세월이 흐를수록 사회에서 쓸모없는 사람이라는 자책감을 가지고 살았던 그들이다. 내 잘못이 아닌데도 그런 마음이 드는 걸 어쩔 수 없어 힘들었던 때, 콜밴은 그래도 이들이 버틸 수 있는 작은 돌파구가 되었다.

내 몸값보다 비싼 기타를 만들었고, 그 기타가 어디로 팔려가 누구를 위해 연주되고 있는지 전혀 몰랐던 이들은 기타를 배워 자신을 위해 연주하게 되었다. 자기가 만들던 기타가 많은 이들에게 위안을 주는 물건이란 것도 알게 됐다. 또 다른 투쟁사업장의 무대에 올라 같은 처지의 '동지'들을 위로할 때면 보람차다. 다른 뮤지션들이 콜트콜텍 해고자들을 위해 연주했던 것처럼, 이들은 이제 다른 노동자들을 위무하며 스스로를 위안한다.

콜트콜텍 노동자들은 지금 금속노조의 최장기투쟁사업장이다. 날수를 세는 것보다 햇수를 세는 것이 더 편해지고 있다. 콜텍악기는 파기환송된 고등법원 재판에서 또 졌고, 마지막 대법원 판결을 기다리고 있다. 콜트악기는 재해고된 뒤 다시 행정소송을 거치고 있다. 이제 투쟁은 8년차에 접어들었고 모두 전망은 밝지 않다.

콜텍악기의 이인근 지회장은 "노동자들에게 방법은 싸우는 것밖에 없다"고 말한다. 콜트악기의 방종운 지회장은 "평생이 걸리더라도 이 싸움을 결코 포기할 수 없다"고 말한다.

대법원이라는 한국 사법부의 최고심에서 부당해고라 판결을 받아도 다시 간단히 해고할 수 있는 세상. 사장 한 명의 분노만으로 노동자들 수백 명과 그 가족들의 삶이 한꺼번에 무너질 수 있는 세상. 이런 세상에 살고 있는 우리는 정말 안녕한 거냐고, 오늘도 콜밴은 무대에서 묻는다. 그들의 삶은 오래전부터 그렇게 묻고 있다. 너무나 간절하게.

답은 여전히 오지 않았고, 노동자들은 또 다시 먼 길 위에 섰다.

2014년 6월 12일. 콜텍 공장의 노동자 24명이 제기한 해고무효확인 소송은 결국 최종심인 대법원에서 패소했다. 8년이라는 투쟁기간 중 7년을 끌어 온 법정투쟁은 이렇게 끝났다. 미래의 경영위기에 대비한 정리해고도 유효하다고 인정한 이 판결은, 정리해고 요건을 엄격하게 규정하고 있는 근로기준법의 취지에 어긋나는 나쁜 판례로 남게 되었다.
노동자들은 "사법부의 판결에서는 졌지만 우리의 마음은 아직 지지 않았다"고 말했다. 다시 새로운 싸움을 시작하겠다는 것이다.

콜트·콜텍 투쟁일지 ||||||||||||||||||||||||||||||||||||||||||||||||||||||||||||||||||||||||||||||

2007. 4. 9   ㈜콜텍 대전공장 휴업(7. 10부터 폐업)

2007. 4. 12   ㈜콜트 노동자 38명 정리해고

2007. 12. 11   콜트지회 노동자 이동호 분신

2008. 8. 31   국내 공장 폐업(1995년 인도네시아 피티콜트 설립, 1999년 중국 콜텍대련유한공사 설립)

2008. 10. 15   한강 망원지구 15만KV 송전탑 고공농성(30일간)

2008. 11. 25   콜텍지회 본사 점거 농성. 경찰특공대에 의해 강제해산.

2008. 12. 9   콜트·콜텍 기타를 만드는 노동자들을 위한 1주일간의 콘서트 "당신에게 삶의 노
래를 돌려주고 싶습니다!!" 개최

2008. 12. 24   콜트·콜텍 수요문화제 시작

2009~2011   해외원정투쟁 – 뮤직메쎄(독일 프랑크푸르트), 요코하마 악기쇼(일본 요코하마),
NAMM Show(미국 LA 및 애너하임), 후지락페스티벌(일본 니가타현) 등

2011. 6. 16   콜트·콜텍 기타를 만드는 노동자들과 함께하는 야단법석 시작

2011. 9. 23   박영호 사장 국정감사 출석 "부당해고 판결에도 복직 불가능" 발언

2011. 12   콜트·콜텍 기타를 만드는 노동자밴드 '콜밴' 결성

2012. 2. 23   대법원, ㈜콜트 정리해고(2007.4.12.) 무효 판결. ㈜콜텍 정리해고(2007.4.9.)에 대해
서는 고등법원으로 파기환송.

2012. 4   문화예술인 ㈜콜트 부평공장 점거 예술 시작

2012. 5. 31   ㈜콜트 노동자들에 대한 2차 정리해고(사측 대법원 판결 이행 거부)

2013. 2. 1   부평 농성장 해산 강제 집행

2013. 4. 17   콜트기타 불매선언운동 시작

2013. 8. 11   콜트·콜텍 해고노동자와 함께하는 음악페스티벌 〈콜트불바다〉 개최

2013. 10   콜트·콜텍 해고노동자가 만드는 연극 〈구일만 햄릿〉 공연(12월에 앵콜 공연)

2013. 12. 15   〈기타 레전드, 기타 노동자를 만나다〉 콘서트 – 신대철, 한상원, 최이철,
시나위, 게이트플라워즈 출연

2014. 1. 10   콜텍지회 정리해고 파기환송심 패소(법원, 콜텍 대전공장 폐업 필요성 인정)

2014. 6. 12   콜텍지회 정리해고 무효확인소송 대법원에서 최종 패소

||||||||||||||||||||||||||||||||||||||||||||||||||||||||||||||||||||||||||||||

5

너에게서 평화가 시작되리라

제주 강정마을 이야기

만화 김홍모

만화가였던 큰형의 영향을 받아 만화가가 되었다. 인간미 있는 따뜻한 화풍으로 다양한 작품을 그리고 있다. 100살까지 만화를 그리는 게 꿈이다. 수묵만화 《소년 탐구 생활》, 《항쟁군 평행우주》(전2권)와 어린이만화 《두근두근 탐험대》(전5권)를 펴냈으며, 기획 및 공저로 르포만화 《내가 살던 용산》, 《떠날 수 없는 사람들》 등을 작업했다.

르포 김중미

인천에서 태어났다. 1987년부터 인천 만석동의 오래된 판자촌에서 공부방 '기차길옆작은학교'를 열어 운영하며 빈민운동과 지역운동을 해왔다. 2001년에는 강화도로 이사해 그곳에도 공부방을 열고 농촌 공동체를 꾸려가고 있다. 1999년에 《괭이부리말 아이들》로 제4회 창비 '좋은 어린이책' 원고 공모 창작 부문에서 대상을 받으면서 작가로도 활동해왔다. 쓴 책으로 《종이밥》, 《거대한 뿌리》, 《조커와 나》, 《너영 나영 구럼비에서 놀자》, 《6번길을 지켜라 뚝딱》 등이 있다.

2013년 4월 13일.
강정해군기지사업단 정문 앞 마을천막.

해군기지 들어서면서 욕밖에 는 게 없어, 욕밖에. 허허.

마을 해녀.

어떻게 싸우긴… 욕으로 싸웠지… 매일 욕하고 밀고 당기고…

야, 이 새끼들아!

주민들이 반대하는데! 이 망할 놈들!

제일 마음이 아팠던 건 투표함 탈취 사건이지.

가자!

뭐야?

믿어지지 않았어. 다 이웃이고 친하게 지내던 사람들인데.

그거 안 돼?

투표함

경찰들이랑 짜고 그런 일을 벌일지 누가 알았나.

그래도 다시 돌아올 줄 알았어. 그래서 고소도 안 하고 기다렸어.

지금 물질하는 해녀 70명 정돈데

해군기지 반대는 40명쯤 돼.

만지작 만지작

공사하면서 바다 속이 어두컴컴해 졌어.

에구, 성게 가시에 찔려서…

만지작 만지작

구럼비 바위 부서질 땐 찬성했던 해녀들도 "아이고… 아이고…" 했어.

쿵

펑

찬성했던 사람들도
이렇게까지 할지 몰랐지.
바위 부수고 밭까지 강매하고
그럴 줄 알았나.

구럼비 바위가 아주 이뻤어.

이뻤지…

수놀멍
살게마씸

김홍모

1. 마을지도

어디 보자…

여기가 강정천이고…

물 맑다

이쪽으로 가면 구럼비겠구나.

제주도로 이사온 지 3개월 된 만화가.

여기는 사업단 정문.

관광미항이라…

요 앞이 얼마 전 철거된 마을천막이 있던 자리고

마을 쪽으로 올라가면 미사천막이 나올 거고…

안녕 하세요?

안녕 하세요!

천막 반대편은 공사장 정문.

마을 쪽으로 한 십분 걸어가면…

휴~ 덥다.

오른쪽이
평화책방.

왼쪽이
평화센터.

계속 가면
마을회관…

평화센터를
왼쪽으로 끼고
쭉 내려가면
강정포구.

그리고 여기서
해군기지 공사장이
보인다.

2. 순례자의 집

여기는 강정마을을 방문하는 사람들이 묵을 수 있는 집이다.

에어컨도 없고 밤에는 모기들이 모여 잔치를 벌이는 집이지만

어디 가냐?

순례자의 집~

언제든지 먹을 수 있는 밥이 있고 땀에 전 옷을 빨 수 있는 세탁기가 있는 편안한 집이다.

이곳에는 전대협, 박국장, 하쿠라는 삼총사가 있다.
(이곳 지킴이들은 대부분 별명을 부른다)

※강정마을 활동가를 통칭 '지킴이'라 부른다.

하쿠?
'플라워 아티스트'였대.
2011년에 한번 보러 왔다가 발목 잡힌 거지 뭐. 허허.

지킴이
전대협

사실 별로 관심이 없었어요.

천주교 신잔데 문정현 신부님 싸우시는 영상 보고 궁금해서 와본 거예요.

근데 2년째 있네요. 하하.

지킴이
하쿠

대협이 형이요?
무슨 출판사 한다던데…

여기 왜 있는지 모르겠어요.

왜 있냐고?
그러게…

그걸 잘
모르겠단
말이야.

서울에 있는
출판사는 직원들이
알아서 하고
있으니까. 크큭.

'강정앓이'라고…
육지에 나가 있으면
계속 생각나고,
또 오게 되고…
아무튼 신기해~

저는 예전에
아름다운가게에서
일했어요.

지킴이
박국장

이곳에 내려와서는
'순례자의 집'을 운영하면서
농사짓고 있어요.

지킴이들과 함께 1,500평 정도 짓고
있는데, 농사를 짓다보니 마을 분들의
마음도 더 이해할 수 있는 거 같고…

더워
죽겠다

이 정도
가지고
뭘~

으헝~

농사 덕에
안정감이
생겼어요.
이 싸움이 하루
아침에 끝날 게
아니잖아요.

야, 2층에
여성분들도 있는데
웃통 벗고 돌아다니냐?
너 몸매 자랑하는
거지?

방구도 튼
사이인데
뭘~

농사짓는 데가
마을 공동묘지 옆에
있어요. 공동묘지
청소도 좀 하고…

근데 밤에 가면
무서워서…
하하.

3. 마을회관

거짓말을 하려면 최대한 크게 하라. 그러면 사람들이 믿을 것이다.

정부는 해군기지를 '민군 복합형 관광미항' 으로 선전합니다.

주민 대책 위원장 고권일

'국익'과 '국가안보'를 위해 꼭 필요한 사업이라고도 하죠.

자연 환경이 중요해?

국가 안보가 중요해?

반대 세력은

종북 빨갱이야!!

해군기지의 진짜 목적은 훨씬 복잡합니다.

미국은 중국을 잠재적 위협국으로 상정하고 동아시아에 지속적으로 군사력을 증강해왔습니다.

한·미·일 합동군사훈련

2012년 국회에서 장하나 의원은 제주해군기지가 주한미군 해군사령관의 '요구'에 만족하는 수심으로 계획되었다고 폭로합니다.

2010년 해군이 발간한 시설공사 시방서를 보십시오.

강정해군기지가 '미국의 핵추진 항공모함이 들어올 수 있도록' 수심 17미터로 설계되었다는 게 밝혀진 거죠.

미군은 SOFA(주한미군지위협정)에 의해 한국의 군사기지 어디라도 입항료 등을 지불하지 않고 마음대로 들락거릴 수 있습니다.

미군의 배치 권리를…

한국은 허여하고 미국은 수락한다.

4. 미사천막

기억에 남는 사건이요?

저는 덩치도, 목소리도 커서 티가 나잖아요.

마을주민 김미랑 씨

한번은 체증이 심해 마스크를 쓰고 공사차량을 막고 있는데, 남자 경찰들이 막 끌고 가려고 하더라고요.

끌어내!

왜 이리 힘이 세!!

그러니까 옆에서는 소리 지르는데,

여자라구요! 왜 남자들이 여자 몸을 건드려요!!

놔요!

저는 목소리 티 날까 말도 못했죠.

그런데 경비과장이 내 팔뚝을 만져보는 거예요. 힘주니까 딱딱하잖아요.

남자 맞네!

남자 여섯 명이 날 들고… 잠바는 벗겨져 저쪽에 가 있고…

아이쿠

윗옷이 올라가 겨드랑이털이 다 보였으니까요… 지킴이들이 "여자 맞잖아!"라고 막 항의하고 그랬죠.

경비과장이 한참 사과를 하고…

죄송합니다. 죄송합니다.

힘든 일이 셀 수 없이 많았지만

재밌는 일도 많았어요.

제일 기억나는 건 밥해줬던 거예요. 하루에 두 가마니 한 적도 있어요.

밥하자, 밥!

천막 쳐놓고 강정마을을 찾아오는 사람들을 위한 식당을 만들었는데,

밥솥이 없네?

하루가 가져올 거야.

학생들, 천주교 신자들, 올레꾼들… 구럼비 돌멩이 위에 식판 놓고 다 같이 먹고… 지킴이들이랑 같이 밥 나르고… 그때 기억이 많이 나요.

팍팍 썰어 넣어!

언니는 손이 너무 커~

발도 커. 크크.

처음엔 마을이 깨지는 걸 보고 너무 화가 나서 해군이나 경찰만 보면 욕하고…

근데 이게 정말 쉽지 않은 싸움이잖아요. 지킴이들이 없었다면 벌써 포기해 버렸을지 몰라요.

긴 싸움이니까 멀리 보고 가야죠.

5. 공사장 정문

성가 소비녀회라고 거기서 파견 나왔어요.

양업 수녀님.

강정마을 가보고 싶다고 청했더니 보내 주시더라구요.

원래 관심이 좀 있었는데, 강정, 밀양, 쌍용자동차… 다 통하는 게 있잖아요.

정치적인 건 잘 모르지만, 사람이 짓밟히고 자연이 짓밟히고 그 안에서 하느님이 무시당하고 있잖아요.

강정아, 너는 비록 작은 고을 이지만 너에게서 세상에 평화가 시작되리라!

성직자, 수도자가 왜 이런 데 오냐고 하는 분도 계시는데

저는 하느님 믿는 사람이니까 오고 싶었어요.

하느님의 권위가 무시당하고 있는데 기도만 할 수 있나요. 하느님도 기도만 하라고 하시지 않았거든요.

지금 언론이 유신시대 같아서 우리 같은 성직자가 나설 수밖에 없는 거 같아요.

핍박받는 사람들과 함께하는 게 저희가 할 일 아닌가요?

6. 평화책방

하와이 같은 경우는 3분의 2가 미군기지인데, 기지 반경 2킬로미터에 물고기가 없어요.

완전 죽음의 바다죠.

책방지기 테라

왜 강정에 자꾸 오게 될까, 그런 생각 많이 하는데…

저도 잘 모르겠어요.

지킴이 한울

육지에 가 있으면 계속 생각나고…

남아 있는 사람들이 마음에 자꾸 걸리고…

2012년 3월에 왔어요. 트위터에 오라고 막 떴거든요.

지킴이 영인

TG

구럼비 발파한다고… 이렇게 오래 있을 줄 몰랐죠.

클릭 클릭

TG

처음에는 아무것도 모르고, 이런 경험도 없고 해서 그냥 공사장 정문 앞에 다들 죽치고 있었거든요.

요즘은 밥도 잘 먹고 그러는데, 그때는 정문 앞에서 전투식량 먹듯이 초코파이 먹으면서 버티고…

한 명 한 명이 절실히 필요할 때였으니까요.

TG

지금은 인터넷에 '강정친구들' 카페 만들어서 후원회 일을 하고 있어요.

다음 검색창에 '강정친구들'을 쳐주세요~

Daum 강정친구들

강정마을 국제팀에 있어요.

아프가니스탄, 인도네시아, 동티모르에서 평화 활동 했어요.

국제팀 파코 (미국)

송강호 박사님이 여기 와서 살자고 해서 2012년 2월부터 지내고 있어요.

해군기지 문제 때문에 힘든 일 많은데, 강정마을 사람 때문에 특별한 지역이에요.

여기서 살아온 거 내 삶에 아주 중요해요. 많이 배웠고. 당연히 여러 가지 문제 많죠. 천국 아니죠.

특별한 게 있어요. 이런 공동체 만드는 거 진짜 어려워요. 그런데 자연스럽게 나왔어요.

연결되는 느낌 있어요.

pain?

고통.

같이 고통 나누고 같이 축하하고, 자석 같아요. 문제 많지만 특별한 공동체.

국제 활동하니까 외국에서 강정 오는 사람 많이 만나는데, 다들 "특별한 게 있다" 해요. 생각해보니 진짜 그래요.

다들 평화 좋아하고 전쟁 싫어하니까.

지킴이 조엔

온 지 3년 됐어요.

학교 선생님이었었는데, 방학 때 좀 알아 보려고 왔어요.

하쿠 이거 마실래?

아냐~ 됐어.

어쩌다가 이렇게 오래 있게 됐어요?

헐~

음… 계속 있다 보니까… 같이 있는 사람들이 있으니까…

두고 가는 게 더 힘들지 않나요?

여기서 어떤 일을 맡으신 거예요?

딱히 맡은 일은 없어요.

그때그때 필요한 일 하고, 돌아가면서 회의를 진행해요.

영진 삼촌! 이거 평화대행진 때 쓸 건데 좀 봐주세요.

어? '훔치'는 '뭉뚱그려서'이고, '혼디'가 '함께' 인데 '혼디'가 맞아.

이제랑 훔치 수눌멍 살계마씸

그렇구나…

어쩌지? 다시 만들어야겠네.

이게 무슨 뜻이에요?

응?

'이제랑' 이제는

'혼디' 함께

'수눌멍' 서로 서로 도우며

'살게마씸' 살아보세~

와... 적어 놔야지!

이제랑 혼디 수눌멍 살게마씸.

삐 삐

삼겹살 먹으러 가자~

대행진 준비해야 되는데…

먹고 와서 하자, 먹고!

김 작가 같이 가~

네.

자~ 다 같이 가자!

END

비록 작은 마을이지만 강정의 평화를 지키는 일이 제주도라 대한민국의 평화, 나아가 세계의 평화를 지키는 일이라고 생각합니다.

지키는 곳이 있습니다. 해군기지가 들어서려는 저 자리에 평화기념관을 만들고 싶습니다. 그곳에서 우리나라 뿐만 아니라 미국·북한·중국·일본 등 세계인이 모여서 전쟁보다는 평화를 보할 수 있는 자리로 만들고 싶습니다.

― 강정마을회장 강동균

누구나 강정에선 강정앓이가 된다

김중미

2014년 4월 16일 아침 아홉 시, 강정마을에 도착했다. 지난해 12월에 다녀온 뒤 넉 달 만이었다. 이번에는 우리 '기차길옆작은학교'(이하 작은학교)의 열여섯 살 청소년 셋과 함께였다. 먼저 들른 곳은 평화센터. 강정마을 방문자들이 가장 먼저 들르는 곳이다. 평화센터의 한쪽은 2013년 9월부터 강정평화상단협동조합(이하 조합) 사무실로 쓰인다. 한쪽은 전시관을 만들기 위해 공사 중이었고, 평화센터 뒤뜰에는 컨테이너로 만든 공방이 새로 만들어져 있었다. 공방에는 평화지킴이 '들꽃'이 만든 인형과 장식품 들이 걸려 있었다. 조합에서 일하는 '딸기'와 간단히 인사를 나눈 뒤 아이들과 강정포구로 갔다. 처음 강정마을에 온 아이들은 구럼비 바위가 어떻게 되었는지부터 보고 싶어 했다. 방파제에 올라 바라본 중덕 해안가는 온갖 공사장비로 뒤덮여 있었다. 공정률이 60퍼센트 가까이 된다는 말에 아이들은 절망스러운 표정으로 말했다.

"우리는 영영 구럼비 바위를 맨발로 걸어볼 수 없겠네요."

대추리, 용산, 그리고 강정

2011년 봄, 인터넷을 통해 제주해군기지 반대투쟁 소식을 접했다. 2009년 1월 용산 참사와 이후 쌍용자동차 옥쇄파업으로 강정마을까지 연대의 힘이 미치지 못하기도 했고, 또 대추리 미군기지 싸움을 경험한 터라 강정마을의 해군기지 반대투쟁이 주민들만의 힘으로 4년을 이어올 수 있을 거라 생각하지 못하고 있었다. 얼마 뒤 평화유랑단 '평화바람'(단장 문정현 신부)이 강정마을로 이주한다는 소식을 들었고, 때마침 천주교정의구현연합 사무국장으로 있던 한 세실리아로부터 작은학교의 인형극단이 강정마을을 방문하면 어떻겠느냐는 제안을 받았다. 양평 두물머리와 용산 남일당 현장에서 공연을 하며 힘없고 약한 이들의 연대를 경험했던 인형극단의 아이들은 흔쾌히 '가자'고 했다. 인형극 공연에 필요한 인원을 최소화하고 강정마을로 갈 여비를 겨우 마련한 뒤 2011년 7월 18일 제주행 비행기에 올랐다.

다음 날 이른 아침, 태어난 지 3만 년이 된 구럼비 너럭바위를 처음 밟은 그 순간의 감동은 아직도 잊을 수가 없다. 길이가 1.8킬로미터나 되는 해안 단괴인 구럼비 바위는 멸종위기종 붉은발말똥게, 제주세뱅이, 맹꽁이가 서식하는 바위습지였다. 구럼비 바위는 이제까지 보아왔던 웅장하고 거친 남성적인 바위와 달랐다. 설문대할망의 치마폭처럼 부드럽고 따뜻했다. 그날 아이들과 맨발로 구럼비 바위를 걷고, 구럼비 바위 위의 통에서 멱을 감으며, 강정마을 사람들이 4년 동안 제주해군기지를 반대해온 힘이 어디서 비롯되었는지 깨달았다. 작은학교 아이들은 자신들이 한 땀 한 땀 바느질을 해 만든 플래카드를 들고 해군기지 앞에서 1인 시위를 했다. 중덕삼거리에서 벌어진 해군과 주민 간의 몸싸움에 휘말려들기도 했다. 3박4일간의 일정을 마치고 인천으로 돌아오면서 아이들은 강정이 또 다른 대추리와 용산임을 깨달았다. 2011년 7월, 멀고도 먼 제주 강정이 그렇게 우리의 이웃이 되었다.

강정의 평화를 빕니다

아이들을 데리고 공사장 앞 미사천막으로 갔다. 새로 난 공사장 정문 앞에서 문정현 신부가 미사 준비를 하고 있었다. 문정현 신부는 불과 일주일 전, 김성환 신부와 함께 미사 도중 연행되어 구속될 뻔 했었다. 칠십을 훌쩍 넘긴 노인의 길 위의 삶은 언제나 가슴을 먹먹하게 한다. 문정현 신부는 오랜만에 만난 작은학교의 세 아이들을 안아주고는 미사 준비를 서둘렀다.

11시, 강정평화미사가 시작되었다. 공사장으로 들어가는 두 개의 진입로에 사제들이 앉고 미사천막에도 신자들이 모여 있었다. 우리 작은학교 아이들도 신부와 지킴이 사이에 의자를 놓고 앉았다. 미사가 시작된 지 얼마 되지 않아 경찰이 경고를 했다. 미사가 공사를 방해하고 있다며 강제이동을 시키겠다는 내용이었다. 그렇게 세 차례 경고한 뒤에는 지킴이와 사제 들의 의자를 들어 옆으로 옮겼다. 아이들도 경찰에 의해 강제이동을 당했다. 미사가 끝난 뒤 세 아이들이 제법 진지하게 말했다.

"처음엔 무서웠고, 그 다음에는 재미있었고, 나중에는 강정에서는 날마다 이런 일을 당하고 있다는 생각이 들어서 화가 났어요."

미사가 끝나면 묵주기도와 강정평화띠잇기가 이어진다. 현재 강정에서 벌어지는 투쟁은 이 두 시간 반이 전부다. 물론 경찰과 대립이 있는 투쟁이 그렇다는 이야기다. 주민들과 지킴이들의 일상이, 그들의 몸짓 하나, 발걸음 하나가 저항이고 투쟁이다.

강정의 평화지킴이들

미사에 참석하기 위해 가는 길에는 정선녀 잔다르크 공소회장을 만났다. 커다란 솥에다 귤을 넣고 공지어멈잼을 만들고 있었다. 지난겨울 내내 조합에서 팔 공지어멈잼과 귤칩을 만드느라 대상포진까지 앓았다던 잔다르크 회장은 여전히 씩씩하고 밝은 얼굴로 우리를 맞았다. 그는 2012년 5월부터 강정 공소에서 공소회장으로 일하고 있다. 그는 에너지가 넘치는 사람이다. 공소 일과 강정마을에 찾아오는 수도자와 손님을 맞는 일, 지킴이들과 함께 잼을 만들고 조합에 보낼 가공식품을 만드는 일까지 강정에 필요한 일이라면 무엇이든 척척 해낸다. 강정에서 만난 지킴이들 대부분이 그렇듯 나는 그이가 어떻게 살아왔는지, 왜 강정마을에 오게 되었는지 잘 알지 못한다. 다만 강정에 오기 전까지 우도에서 농사를 지으며 선교사로 활동했다는 것과 강우일 주교의 권유를 받자마자 사흘 만에 강정으로 달려왔다는 것 정도만 안다. 그리고 또 한 가지, 그가 중덕삼거리에 있는 공소에 상주하면서부터 삼거리가 다시 사람들로 북적이고 활기를 찾았다는 것도 안다.

미사가 끝난 뒤, 강정마을의 밥상 '삼거리식당'에 가서 점심을 먹으며 오랜만에 만난 지킴이들과 인사를 나눴다. 삼거리식당에서 다시 만난 들꽃은 아이들을 보더니 플래카드 만들 게 있다며 도움을 청했다. 들꽃은 2011년 여름, 강정 주민이 된 문정현 신부를 만나러 왔다가 구럼비 바위에 매료되어 자신도 이곳 주민이 되었고 4년째 지킴이로 활동하고 있다.

들꽃에게 아이들을 맡기고 평화바람의 오두희 씨와 잔다르크 회장과 함께 조합의 새 상품을 준비하고 있는 된장공장에 갔다.

"4월 말에서 5월 사이에 지슬(감자)을 팔 건데, 그 전에 팔 상품이 필요해요. 그래서 우도 톳과 함께 제주 토종콩인 푸른콩으로 만든 된장과 간장을 팔아보려고 해요."

강정평화상단협동조합은 2013년 9월 강정마을 주민과 평화지킴이 30여 명이 발기인으로 참여해 시작했고 제주도로부터 정식인가도 받았다. 평화바람은 2011년 7월, 문정현 신부와 함께 강정마을에 들어오기 전부터 평화상단을 꾸려 강정마을의 투쟁기금을 지원해왔다. 평화바람과 지킴이들이, 강정생명평화마을 만들기가 지속되려면 마을 주민들의 끈질긴 반대활동과 함께 제주 밖에서 제주해군기지를 반대하는 이들의 연대를 이끌어내는 것이 필요하다는 데 의견을 모아 협동조합을 만들게 되었다. 그래서 조합의 수익금은 조합원들끼리 나누지 않고 강정생명평화마을 만들기에 쓰인다. 현재는 마을신문 〈강정이야기〉 제작, 삼거리식당 지원, 평화지킴이 활동 지원에 쓰인다. 앞으로는 친환경농법 교육이나 평화인권 교육 등 주민과 지킴이 교육, 주민복지와 의료 지원까지 확대할 예정이다.

푸른콩 된장과 간장을 공급받기로 하고 기쁜 마음으로 공장을 나온 우리는 조합의 상품으로 팔 고사리를 꺾으러 갔다. 제주 토박이 잔다르크 회장이 앞장서 간 곳은 중산간 마을의 공동묘지. 고작 두 시간 반 동안 꺾었는데도 잔다르크 회장의 20킬로그램 들이 포대에는 고사리가 가득 찼다. 난생처음 고사리를 꺾은 내가 거둔 것은 그 3분의 1도 안 됐다. 오두희 씨와 잔다르크 회장은 생각보다 많은 고사리 수확에 들떠했다. 날마다 경찰과 몸싸움을 하느라 골병이 들고, 벌금 폭탄을 뒤집어 쓴 범죄자가 된 지킴이들의 일상은 소박하고 평화로웠다.

어느 우직하고 착한 농부의 삶

마을로 내려가니 아이들은 그새 플래카드 한 장을 완성하고 강정천의 발원지 냇길이소에도 다녀왔다고 한다. 의례회관 앞 화단청소까지 마쳤단다. 아이들을 게스트하우스 '미량이네 집'에서 만나기로 한 뒤 서둘러 강부언 할아버지댁으로 향했다.

강부언 할아버지는 할머니와 함께 서귀포로 나들이를 다녀오셨다며 주방에서 장 봐온 것을 정리하고 계셨다. 할아버지는 뇌경색으로 몸이 불편한 아내를 위해서 하루 세 끼를 손수 차린다고 하셨다. 이렇게 애틋한 노부부가 지난해 겨울 두 달이나 떨어져 있어야 했다. 할아버지가 2012년 3월 구럼비 발파 때 공사차량 진입에 항의하다가 공무집행방해혐의로 기소되어 2013년 10월 징역 6월을 선고받고 구속되었기 때문이다.

할아버지는 1942년생이다. 1945년에 부모님을 따라 일본에서 강정으로 왔다. 그리고 70년을 강정에서 살았다. 할아버지는 이번에 해군기지를 반대하느라 범죄자가 될 때까지 경범죄 위반조차 한 적 없는 우직하고 착한 농부였다.

"나는 해군기지 문제에 대해 잘 몰랐어요. 해군기지가 몇 만 평이 들어온다고 하는 소문이 돌 때도 '이걸 막아야 하는 건가, 말아야 하는 건가?' 그 정도만 생각했지."

원래 강정마을은 해군기지부지 후보에조차 없었다. 정부는 제주의 서남해안이 중국과 일본을 견제할 군사적 요충지일 뿐 아니라 석유를 비롯한 주요 물자의 핵심 수송로라는 이유를 들어 제주에 해군기지 건설을 추진했다. 원래 해군기지 후보지는 화순항이었다. 화순항은 태풍이 불면 근처의 중국, 일본 어선들까지 이곳으로 피해 올 정도로 안전한 데다 일제강점기 때부터 군사적 요충지로 주목을 받았던 곳이었다. 그러나 해녀와 주민 들의 강력한 반대로 해군기지부지로 지정되지 못했다. 그러자 남원읍 위미리가 새로운 해군기지사업 대상지역 후보로 부상했다. 위미리 역시 주민과 해녀 들의 강한 반대로 해군기지사업이 추진되지 못했다.

그런데 2007년 4월 30일, 해군과 제주도는 애초에 거론조차 되지 않던 강정마을을 제주해군기지 후보지로 선정한다. 제주도와 해군은 강정마을이 자체적으로 해군기지유치위원회를 만들어 유치건의서를 제출하고 해군기지 유치를 마을총회에서 결정했다고 하지만, 이는 사실과 달랐다. 윤태정 전 마을회장은 2007년 4월 26일, 당시 투표권을 가진 강정 주민 1,970여 명 중 해녀와 어촌계장을 비롯한 주민 87명만 모인 마을총회에서 해군기지 유치를 박수로 통과시켜버렸다. 마을총회 안건에 대한 충분한 사전공지도 없었고, 해군기지 유치에 따른 마을의 피해나 이득에 대한 정보공개조차 제대로 하지 않은 상태였다.

강정마을은 오래전부터 마을일을 마을총회에서 의결해서 결정하는 전통을 갖고 있었다. 그래서 강정교 건너편에 리조트가 들어설 때도 마을 생태환경에 대한 영향과 마을 경제에 대한 이해득실을 주제로 여덟 번의 임시총회를 열어 토론하고 합의했다. 마을에 들어오는 아파트도 마을총회에서 거부한 적이 있다. 해군기지 찬성은 강정마을의 오랜 민주적 전통을 거스르는 일이었다. 분노한 마을 주민들은 2007년 8월 10일 임시총회를 열었다. 그날 총회에 참석한 주민 436명 중 416명이 전 마을회장 윤태정을 해임하고 새 마을회장으로 강동균을 선출했다. 새로 구성한 마을운영위원회는 8월 20일 "해군기지 유치 찬반을 묻는 주민투표"를 실시했다. 이때는 마을 주민 725명이 참가해 680명이 해군기지 유치에 반대했다. 그러나 해군과 정부는 주민들의 이 의견을 무시한 채 공사를 강행했다. 첫 단추부터 잘못 꿰어졌던 것이다.

"해녀들에게 1억5,000만 원 준다고 했다더라고. 전 이장하고 어촌계장이 짬짜미를 해서 87명만 모아놓고 박수로 해군기지를 찬성해버린 거예요."

할아버지는 그 생각만 하면 열이 뻗쳐오른다고 했다.

"내가 법원에 재판 받으러 가서 재판장한테 그랬습니다. '우리 마을 찾자는 게 뭔 죕니까? 판사님, 제가 사람을 때렸습니까? 절도를 했습니까? 살인을 했습니까?' 그러니까 판사도 끄덕거립디다. 내가 법정구속이 돼서 교도소에 들어갔는데 거기 교도관도 나한테 '삼촌 할 말이 없습니다. 법이 이러니 이럴 수밖에요' 합디다. 내가 공사장 정문만 보면 성질이 나서 못 참아요. 집사람은 내가 나갈 때 '멀리서 구경만 합서' 합니다만 막상 미사 때 경찰이 하는 짓거리를 보면 성질이 안 날 수가 없습니다. 분노밖에 안 남았습니다. 법이 한심합니다. 이렇게 선량한 농민들을, 흙밖에 모르는 농민들을 무자비하게…… 설명회라도 마을에서 제대로 했다면 이렇게 억울하지는 않을 겁니다. 다 농사 일로 바쁜 농민들인데 설명회, 공청회를 서귀포 시내에 있는 시민회관, 김정문예회관 이런 데서 했습니다. 그러니 어떻게 알고 갑니까. 나는 죽을 때까지 싸울 수밖에 없어요. 내가 9년 전 위암으로 위를 절제했는데요. 내 몸 아픈 것보다 구럼비 바위가 산산조각 나고 콘크리트에 뒤덮이는 것이 더 아프고 억울합니다."

할아버지 말씀에 할머니가 덧붙였다.

"할아버지가 경찰을 폭행해서 감옥에 갔다는 걸 사람들이 못 믿어요. '저 사람이 강부언이 맞나. 말도 없고 순한 사람이 저럴 수가 있나.' 그게 다 억울해서 그래요."

강부언 할아버지는 집 말고는 땅 한 뙈기 없다. 그래도 도지로 밭을 얻어 금귤 농사를 하며 자식을 키워왔다. 물 좋고 땅 좋은 강정은 땅이 없어도 부지런한 몸뚱이만 있으면 먹고 살만한 곳이었다. 그래서 할아버지에게 강정은 더 소중하고 귀한 곳일지 모른다. 해군기지반대대책위원회 고권일 위원장은 강정은 예로부터 아주 큰 부자도 없을 뿐 아니라 누구나 몸만 부지런히 움직이면 먹고 살만한 곳이었다고 전한다. 한 마을이 400년이나 이어져 내려올 수 있는 힘도 거기에 있었다. 그러나 해군기지는 4.3을 겪고도 깨어지지 않았던 마을공동체를 산산조각 냈다.

강부언 할아버지는 손자들도 언젠가는 할아버지가 왜 해군기지를 그렇게 반대했는지, 고향이 얼마나 소중한 것인지를 알게 되었으면 하는 게 소박한 바람이라고 하셨다.

"내가 누구를 위해 고생했다는 생각은 안 해요. 우리 마을이고 우리 고향이니까. 반대 싸움을 하는 건 당연한 거다 생각하고 싸웠어요. 그런데 지킴이가 세 사람 정도 싸우면 그중 한 사람이라도 주민이면 좋겠는데……. 그런데 벌금, 징역, 집행유예 받은 사람들이 많아요. 주민이 현장에 있다가 분노가 터져 싸우면 죄가 곱빼기가 돼요. 나도 집행유예를 받고 또 사고를 쳐서 감옥에 갔었던 거예요. 그게 사람을 움직이지 못하게 해요. 아무리 사정이 그래도 우리 마을에 와서 자기 일처럼 싸워주는 평화지킴이들을 보면 미안하고 고맙지요."

할머니가 다시 덧붙이신다.

"할아버지가 두 달 동안 교도소에 있을 때 나를 돌봐준 건 태나엄마, 개똥이, 영미였어요. 지킴이가 아니면 나는 밥도 못 먹었을 거예요. 주민들도 그렇게 못했어요. 내가 그 사람들, 죽을 때까지 잊지 못해요. 잼 만들어서 판다고 해서 내가 좀 사준다고 해도 가지고 오지도 않아요."

강부언 할아버지는 감옥에서 두 달 있는 동안 한 방에 있는 죄수들이 영치금 하나 없이 팬티 한 장, 양말 한 켤레로 겨울을 나는 게 안쓰러워서 같은 방에 있는 수형자들에게 팬티와 양말, 옷을 사주시고 틈틈이 사식을 넣어주셨단다. 이게 원래 강정사람들의 심성이다. 그러나 국가는 법 없이도 살 사람이라던 농부를 범죄자로 만들고 이웃 간의 정을 빼앗아가 버렸다. 인터뷰를 마치고 일어서자, 할아버지는 할머니 저녁을 준비하셔야 한다며 서둘러 주방으로 가셨다.

강정 여전사가 꾸민 게스트하우스

아이들과 밖에서 늦은 저녁을 먹고 게스트하우스 '미량이네 집'으로 갔다. '강정의 딸' 김미량 씨가 2014년 봄에 연 '미량이네 집'은 전형적인 제주 초가다. '강정의 여전사'가 꾸민 집이라고 믿기지 않을 만큼 예쁘고 아늑하다. 흙벽은 전통벽지로 바르고 나무로 된 서까래와 기둥 문틀을 그대로 살렸다. 아기자기하게 꾸민 방과 주방은 그의 야무진 손길이 그대로 느껴진다.

김미량 씨는 평화지킴이 학구 씨와 박용성 씨, 방은미 씨와 함께 늦은 저녁을 먹고 있었다. 저녁 메뉴는 그날 낮 오빠와 동생이 바다에 나가 잡아온 우럭으로 끓인 우럭탕이었다. 김미량 씨의 오빠와 남동생은 어부다. 김미량 씨의 주업 역시 그 생선을 가져다 평화센터 앞 강정마을 사거리 노점에서 파는 일이다. 김미량 씨의 노점에서는 당일바리 생선만 판다. 가을부터 이듬해 늦봄까지 바다에 나가 잡아온 옥돔은 그날그날 팔려나간다. 굳이 홍보를 하지 않아도 생선이 남는 법이 없다. 김미량 씨의 음식솜씨는 강정사람들에게 소문이 나있다. 오죽하면 늘 딸의 건강 걱정으로 노심초사인 그의 어머니조차 "너는 남 먹이는 것이 천성이고, 남 퍼주는 것 좋아하니까 아예 식당을 하라"고 했을까. 게스트하우스를 열어놓고도 아는 사람들이 오면 뭐든지 거둬 먹이려고 하는 그의 성품을 아는 터라 잔소리를 했다.

"이렇게 예쁘게 꾸며놓았으니 들인 돈은 뽑아야지. 밥 해주고 방 빌려주고 나면 돈 제대로 받아."

김미량 씨는 손사래를 친다.

"언니, 나는 그렇게 안 해. 강정 오는 손님들한테 방 내주고 이렇게 한잔하면서 이야기 나누고 그러는 게 좋아. 이 게스트하우스 꾸미면서 침구사는 데 든 돈이랑 수리비 빼면 다들 다른 사람들이 도와준 거야. 이 장식품들도 카페 하는 친구들이 다 준 거고, 세탁기랑 냉장고는 할아버지(문정현 신부)가 사준 거고……."

그는 자기가 퍼준 것은 금세 잊어도 남한테 받은 건 잊지 않는다.

"이제는 자네가 나눠준 것도 기억하고, 실속도 좀 차리고, 건강도 좀 챙겨."

거듭된 잔소리에 그는 고개를 젓는다.

"난 이렇게 사는 게 좋아. 10년밖에 못 산다 했는데 16년째야. 6년을 덤으로 사는 건데……."

그는 20대 초반이던 16년 전, 만성신부전증으로 동생의 콩팥을 이식받았다. 삶과 죽음을 오가던 시간을 이겨낸 뒤에는 곧바로 일을 시작했다. 낮에는 오빠와 동생이 잡아온 생선을 팔고 저녁에는 식당을 하며 돈을 벌었다. 일하는 게, 돈 버는 게 재미있었단다. 그러나 몸은 억척스러운 그의 삶을 견뎌내지 못했다. 그래서 2011년 2월, 요양 차 강정마을의 어머니 집으로 들어왔다. 그때 고향 강정마을의 풍경이 눈에 들어왔다. 어린 시절 놀이터였던 구럼비 바위가 사라진다는 것도 알았다. 제주해군기지의 진실을 알게 된 그는 제주해군기지 싸움에 앞장섰다. 그리고 육지에서 온 지킴이들과 문정현 신부를 만나면서 강정마을과 평화에 새롭게 눈을 뜨게 되었다.

"이번에 벌금 폭탄 맞았어. 해군기지 공사하는 대기업 하청업체인 우창해사라는 데서 나랑 아까 왔던 학구랑 해서 여섯 명한테 1억100만 원 손해배상을 청구했어. 앞으로 다른 시공업체에서도 손해배상청구가 있을지 몰라. 그래도 우리는 물러서지 않아. 정부와 해군이 처음부터 민군복합형 관광미항을 짓는다고 했다면 나는 반대 안 했을 거야. 그런데 그건 어떻게든 해군기지를 밀어붙이려는 해군의 거짓말이야. 시뮬레이션 검증에서도 다 드러났잖아. 설계도, 공사 과정도 다 불법이고 탈법이고 속임수야."

그와 새벽이 될 때까지 연애 이야기, 가족 이야기를 넘나들며 수다를 떨었지만 이야기는 결국 제주해군기지 반대, 강정생명평화마을의 미래로 맺었다. 그는 앞으로도 강정마을 주민으로, 생선 노점상으로, 게스트하우스 주인으로 살며 해군기지 반대투쟁을 이어갈 것이다.

멧부리 박과 강정천

다음 날, '미량이네 집'에서 아침을 먹고 나와 멧부리 박이 기다리고 있는 미사천막으로 갔다. 멧부리 박은 2012년 겨울부터 멧부리에 천막을 치고 공사를 감시하고 있다.

멧부리는 강정천과 강정바다가 만나는 곳이다. 1970년대까지도 강정초등학교 어린이들이 소풍을 가던 곳일 만큼 경치가 좋다. 멧부리 언덕에는 너른 잔디밭과 소나무 숲이 있고 남쪽과 동쪽으로는 주상절리가 있다. 멧부리와 맞닿은 강정천 하류에는 구럼비를 닮은 너럭바위가 있어 강정 아이들이 물놀이를 즐겼다. 멧부리와 강정천의 너럭바위 사이에는 강정사람들만의 아름다운 추억이 깃든 '올림은어통'이 있다. 강정천에는 이른 봄이 되면 은어들이 바다에서 고향인 강정천으로 돌아온다. 강정천 하류의 너럭바위에서 떨어지는 물살을 거슬러 튀어 오르던 은어들이 거센 물살에 부딪쳐 옆으로 떨어지는 것을 받아 모으기 위해 멧부리와 너럭바위 사이의 물속에 돌을 쌓아 만든 물통이 올림은어통이다. 마을사람들은 그 올림은어통에 은어가 가득 차면 그 은어를 마을에 가장 나이 많은 어른부터 차례로 나눠드렸다. 또 강정마을에는 이른 봄 은어가 무사히 알을 낳으러 오게끔 물길을 만들어 주던 '은어올리기' 풍습이 있었다. 이른 봄 올라 온 은어가 강정천 맑은 상류에 알을 낳을 자리를 잡고나면 5월부터 강정천의 진소나 남동지소에서 은어를 잡았다. 그래야 먼저 자리 잡은 은어들이 무사히 알을 낳고 키울 수 있기 때문이다. 그래서 은어잡이가 한창인 5월마다 '강정천은어올림축제'를 열기도 했다. 자연과 함께 살아가는 법을 알았던 강정마을 공동체의 아름다운 전통을 다시 되살리는 것이 강정생명평화마을의 숙제이다.

멧부리 박은 비가 내린 지난 밤에도 멧부리의 작은 텐트에서 잠을 잤다. 1년이 넘도록 멧부리에서 불법공사를 감시하고 있는 그는 정작 구럼비 바위를 보지 못했다. 2012년 평화대행진이 열린 7월 31일에야 처음 왔기 때문이다.

"원래 경기도에서 살면서 건축현장에서 일하는 노동자로, 평범한 사회인으로 살았어요. 그러다 희망버스를 타게 되었고, 강정에 대해서도 알게 되었죠. 2012년 7월 말, 강정평화대행진에 참가하면서 강정에 처음 왔어요. 그 뒤로 한 달에 한 번씩 다녀가다가 2012년 대선 이후 강정으로 내려왔죠. 처음에는 정문에서 다른 지킴이들과 함께 지킴이 활동을 했고 2013년 2월 1일부터 멧부리에 천막을 치고 살면서 올레꾼 홍보와 불법공사 감시를 했어요. 강정은 정문만 벗어나면 아직도 평화로워요. 그러나 바닷가에서는 끊임없이 해군기지 공사가 이루어지고 있죠. 지킴이들의 활동은 어떤 조직에 의해 움직이는 것이 아니라 자유로운 영혼들의 선택에 의해 움직입니다. 젊은 시절에 이렇게 살지 못한 것에 대한 미안함 부끄러움이 있어요. 저는 강정에 와서 오히려 영혼의 자유로움을 느꼈습니다. 저보다 어린 지킴이들을 보면 존경스럽죠. 멧부리에서 사계절을 보냈습니다. 멧부리에서 공사를 감시하다보면 해군기지 공사가 얼마나 엉망인지가 보입니다. 속전속결로 진행되다보니 설계부터 엉망입니다. 케이슨만 해도 해수면보다 1미터쯤 높아야 하는데 해수면보다 낮습니다. 이건 설계 시공부터 잘못된 것이죠. 태풍이 아닌 평소의 바람에도 콘크리트 타설 작업이 유실되는 곳이 강정바다입니다. 올해부터 해상 공사에 이어 육상 공사까지 시작되면서 삼성, 대림에 이어 현대, 포스코까지 참여합니다. 공사를 지켜보면서 해군과 국방부, 정부와 대기업의 고리를 꺾지 않으면 해군기지 문제는 풀릴 수 없다는 생각을 하지요. 저는 올해 태풍을 기다리고 있습니다. 작년에는 태풍이 한 번도 오지 않았어요. 태풍 뒤 그 결과를 본 뒤, 1년 넘게 공사를 감시하며 찾아낸 문제들을 서류로 정리해서 고발을 할 생각입니다."

아이들은 강정마을과 상관없이 살아온 멧부리 박이 1년 넘게 멧부리 감시를 하는 이유를 궁금해 했다. 인터뷰를 마친 멧부리 박이 멧부리로 돌아가려 일어서자 아이들이 그를 따라나섰다. 그리고 비바람을 맞으며 멧부리에 다녀온 아이들이 말했다.

"이모, 멧부리 정말 좋아요. 장난 아니에요. 여기 와 보니까 실감이 나요. 강정 사람들이 왜 해군기지를 반대하는지 알 거 같아요. 멧부리 박 삼촌이랑 지킴이 이모삼촌들이 왜 여기서 고생하는지도 알 거 같아요. 이모, 우리 학교 하루 더 땡땡이 치고 여기 있으면 안 돼요?"

아이들 말에 웃음이 나왔다. 누구나 강정에 오면 '강정앓이'가 된다. 많은 사람들을 강정앓이가 되게 만든 것은 구럼비 바위였다. 구럼비 바위가 있는 중덕 해안은 제주도가 지정한 절대보존지역이었고 그 앞바다는 천연기념물인 연산호 군락이 있어 유네스코가 생물권 보전지역으로 지정한 곳이다. 그런데 제주해군기지 반대 목소리가 커지자 제주도는 은근슬쩍 이곳을 절대보존지역에서 빼버렸다. 강정마을에는 구럼비 바위만 있는 것이 아니다. 서귀포시의 상수원이자 신비로운 절경을 간직하고 있는 냇길이소가 있고, 마을 곳곳에서 용천수가 솟아 아이들의 물놀이장이자 공동 빨래터로 쓰이는 샘이 많이 있다. 또 일 년 내내 물이 마르지 않는 강정천이 있다. 그래서 강정을 한자로 江汀이라고 쓴다.

"강정 아이들은 쌀밥 주면 울고 조밥 주면 안 운다"는 제주 속담이 생긴 것은 강정이 제주에서 처음 논농사를 한 곳이었기 때문이다. 기름진 밭이 땅에만 있는 건 아니다. 강정마을 앞 기름진 바다 밭에서는 잠녀들이 성게, 보말, 다금바리, 자리, 전복을 따서 자식들을 가르쳤다. 400년간 지속되어 온 강정마을은 자연과 인간의 노동이 어우러져 만들어낸 공동체였다. 2012년 3월 구럼비가 발파된 뒤에도 강정앓이가 끝나지 않는 이유는 바로 강정마을이 가진 이런 힘 때문이다. 그러나 국가는 '국가안보'를 핑계로 지금도 400년을 이어온 마을의 역사와 미래를 산산조각 내고 있다.

강정이 만들어준 인연

멧부리를 다녀오느라 다 젖은 옷을 말리러 평화센터로 갔다. 김민수 씨가 평화센터에 전시관 만드는 작업을 하고 있었다. 애니메이션 감독이었던 김민수 씨는 2008년 같은 만화작가였던 고권일 강정마을해군기지반대대책위원장의 초대로 강정에 다니러 왔다가 강정사람이 되었다. 그리고 2011년 4월, 자신의 본을 강정으로 바꾸어 '강정 김씨'가 되었다. 그 뒤 강정에서 함께 지킴이로 활동하던 아내 박윤애 씨를 만나 결혼을 하고 아기 아빠가 되었다. 김민수 씨는 감귤 밭을 도지로 얻어 감귤농사를 지을 예정이라고 했다. 다시 발행하는 강정마을신문 〈강정이야기〉에 만화 연재도 시작했다. 조합의 상근 실무자로 일하던 박윤애 씨는 육아휴직 중이었다. '강정 김씨' 2세를 미처 만나보지 못해 안타까웠다.

강정에는 또 다른 부부가 있다. 김동원과 에밀리다. 김동원 씨는 2011년 6월 군 입대를 앞두고 홀로 전국 순례를 떠났다가 생명평화 순례단장을 맡고 있던 권술룡 선생의 권유로 강정에 오게 되었다. 처음에는 사회복지사로서, 해군기지에 대해 찬성과 반대로 갈등을 겪는 주민들의 이야기를 잠시 들어주어야겠다고 생각했다. 그러나 국가에 의해 삶의 자리를 빼앗긴 주민들의 이야기를 듣고 아름다운 구럼비 바위를 만나면서 군 입대를 미룬 채 2년 동안 강정에서 '평화복무'를 하게 되었다.

에밀리는 2008년 국제자원봉사단체 '개척자들'에서 진행하는 동티모르 평화캠프에 참여한 뒤 개척자들 멤버가 되었다. 2년간 평화복무를 마치고 대만에서 지내던 중, 동티모르에서 함께 활동했던 송강호 박사, 박윤애 씨, 도라가 강정에서 해군기지 반대운동을 한다는 소식을 듣고 강정마을을 방문했다. 그리고 에 밀리 역시 구럼비 바위를 만났다. 그리고 그곳에서 김동원 씨를 만나 연인이 되었다. 두 사람은 강정마을에 남았고 함께 평화운동가의 삶을 살기로 약속했다.

2013년 4월 김동원 씨와 함께 혼인신고를 하러 대만으로 갔던 에밀리는 인천공항에서 입국거부를 당했다. 에밀리가 다시 한국에 입국한 것은 2014년 1월이었다. 그리고 두 사람은 2014년 3월 강정마을에서 혼례를 치렀다. 평화활동가로 살아갈 두 사람에게는 1년 전 입국거부 때와 같은 당황스럽고 두려운 일이 되풀이될지도 모른다.

"그냥 그 두려움을 받아들이며 살아갈 거예요. 우리 부부는 개척자들 멤버로서 지금보다 평화로운 세상을 만들기 위해 강정보다 평화롭지 못한 이웃들이 있는 곳으로 부름을 받아 갈지도 모릅니다. 어느 나라, 어느 마을로 가든 강정마을 사람들, 구럼비 바위와 강정의 자연을 가슴에 새기며 평화를 지켜가고 싶어요. 강정마을에 살고 있는 지금은 쌀농사를 짓고 싶어요. 요새는 돈 안 되는 농사는 짓지 않잖아요. 강정도 마찬가지예요. 그렇지만 저는 쟁기와 소 한 마리를 사서 맨발, 맨손으로 일을 하고 싶어요. 그렇게 수확한 쌀로 떡을 만들어 마을사람들과 나누고 싶어요. 그렇게 평화를 경작하는 일꾼이 되는 게 저희의 꿈입니다. 우리의 인생이 평화를 이루는 예술이길 바라거든요."

이제 지킴이들에게 강정은 평화를 지키는 투쟁의 현장뿐 아니라 평화를 살아가는 사람들의 삶의 현장이기도 하다.

생명평화마을의 미래

세 아이와 함께 평화책방에 갔다. 평화책방이 문을 연 것은 2013년 4월 8일이다. 강정에 관심이 많은 작가들과 뭍의 시민, 지킴이들이 함께 시작한 '강정 평화책마을 프로젝트'의 첫 성과물이다. 평화책방에서는 자유롭게 책을 읽을 수 있다.

커피를 비롯한 음료와 갓 구워낸 와플을 맛볼 수도 있다. 또 한 달에 한 번씩 톡톡 콘서트를 열고 다양한 문화교실도 연다. 평화책방 지킴이 세리 씨는 2011년 4월 영화상영회에 초대받아 강정에 왔다. 그리고 그때 구럼비를 처음 만났다. 그가 이른 새벽 만난 구럼비 바위는 평화 그 자체였다. 그는 그 구럼비 바위가 깨져나가는 것을 그대로 볼 수 없어 강정에 남았다. 세리 씨는 제주해군기지 반대투쟁을 하면서 연인을 만났고, 그 연인이 강제 출국 되는 아픔을 겪어야 했다. 그래서 그는 해군기지 찬성과 반대로 첨예하게 대립한 주민들과 지킴이, 강정을 방문하는 사람들 사이의 깊은 골과 상처의 치유에 관심이 많다. 강정마을 주민으로, 평화책방 지킴이로 사는 세리 씨와 이야기를 나누면 마음이 평화로워진다. 그것이 강정의 역설인지도 모르겠다.

"아이들이 여길 엄청 좋아하지만 너무 바빠서 못 와요. 청소년들이 저녁에라도 오면 좋은데 지킴이들이 있다고 가지 못하게 하는 경우도 있죠. 부모들은 해군기지 문제의 갈등으로부터 아이들을 떼어놓으려 해요."

세리 씨는 평화책방이 강정의 어린이, 청소년뿐 아니라 지역 주민, 나아가 강정을 찾는 모든 이의 쉼터가 되길 바라고 있었다.

3년 간 강정마을을 오가는 동안, 해군기지 반대 문화제나 행사에 강정에 사는 어린이나 청소년 들이 참여하는 경우를 잘 보지 못했다. 강정의 해군기지 반대투쟁을 보며 가장 안타까웠던 일 중에 하나다. 강정에 해군기지가 들어서고, 강정의 자연과 삶의 자리가 파괴되고 공동체가 깨져나가는 문제는 어른들만의 문제가 아니다. 제주해군기지를 끝내 막지 못한다 해도 강정마을에는 숙제가 많다. 지금 해군이나 정부가 말하는 강정마을의 장밋빛 청사진은 빛 좋은 개살구일 뿐이다. 여러 가지 개발 계획은 주민들 어깨에 빚더미를 지울 것이다. 불과 10년 뒤에는 어른들의 문제가 지금 어린이와 청소년 들의 몫이 된다. 강정이 생명평화마을로 가려면 아이들에게 해군기지 문제를 올바로 알려야 하고 강정의 역사와 미래를 함께 공유해야만 한다.

강정아, 너에게서 온 나라의 평화가 시작되리라

오후 1시, 강정을 떠날 시간이 되어 문정현 신부께 인사를 하기 위해 미사천막으로 갔다. 비가 오는데도 신부님은 서각을 하고 계셨다. 나무판에 글자를 새기는 그의 몸짓 하나하나가 해군기지에 대한 저항이다. 비가 오는데도 계속되는 오철근 씨와 들꽃의 삼보일배도, 잔다르크 회장과 지킴이들이 강정에서 텃밭을 일구고 농사를 짓는 일도, 지킴이들이 공지어멈잼을 만들고 고사리를 꺾는 것도, 신문을 만들고, 제주시에 나가 1인 시위를 하고, 감옥에 갇힌 이들을 생각하며 추운 겨울에도 난방조차 하지 않고 견뎌내는 것도, 협동조합에서 물건을 팔고, 강정평화학교를 열고, 노래를 하고, 도자기를 굽고, 춤을 추고, 음식을 만들고, 영화를 만들고, 그림을 그리는 이 모든 일상이 저항이고 평화행동이다.

삼거리식당에서 저녁에 있을 세족례미사 음식을 준비하던 강정지킴이 방은미 씨는 연극인이다. 지난 3월 7일부터 9일까지 사흘간 제주시에 있는 제주영화문화예술센터 무대에 〈이녁〉이라는 연극을 올리기도 했다. 〈이녁〉은 할머니와 며느리, 손녀로 이어지는 여성 3대를 통해 4.3과 강정을 말하는 모노극이다. 방은미 씨와는 처음 강정에 올 때 같이 온 인연이 있다. 우리는 떠났지만 그는 남았다.

"나는 구럼비 바위에서 에덴동산과 같은 평화를 느꼈어. 구럼비 바위는 살아 있는 생명이었어. 해군기지 공정률이 50퍼센트를 넘어섰다고 해군기지 반대투쟁을 끝내는 것은 우리 사회가 위안부 할머니들의 고통을 외면했던 것과 같은 거라고 생각해. 제2의 구럼비를 막기 위해서라도 싸워야 하고, 싸워야만 콘크리트에 갇혀 신음하는 구럼비 바위의 고통을 조금이라도 덜 것 같아."

그는 강정을 통해 제주를 알고, 4.3을 알았다. 전형적인 서울내기였던 그에게 강정은 한반도를 새로 보는 계기가 되었다. 어느새 강정은 그에게 이녁(당신)이 되었다. 남은 생은 눈물 나도록 아름다운 이녁을 지키는 데 바치고 싶다고 했다.

삼거리식당을 나설 때쯤 비가 더 거세졌다. 거세게 비가 오는데도 강정 앞바다의 해군기지 공사는 멈추지 않았다. 물론 지킴이들과 주민들의 강정생명평화마을 일구기도 멈추지 않았다. 내가 계속 강정앓이로 사는 까닭은 평화의 섬 제주와 제주해군기지는 양립할 수 없기 때문이며, 제주해군기지 건설 뒤에 숨은 정부와 대기업의 불법과 폭력 때문이며, 또한 강정을 지켜가는 평화지킴이들의 삶이 아름답기 때문이다.

강정을 떠나며 천주교 제주교구장 강우일 주교의 말이 새삼스럽게 다가왔다.

"강정아 너는 이 땅에서 가장 작은 고을이지만 너에게서 온 나라의 평화가 시작되리라."

2002.   화순 해군기지 건설 추진. 주민 반대로 난항.

2005.   위미 해군기지 건설 추진. 주민 반대로 난항.

2007. 3   해군, 제주해군기지 포기 시사.

2007. 4. 26   강정마을 임시총회, 제주해군기지 유치결의(주민 87명 참가, 참가자 만장일치)

2007. 4. 30   김태환 도지사, 강정마을 제주해군기지 후보지로 결정.

2007. 5. 14   제주도, 해군기지 최우선 추진부지 강정마을 선정 발표.

2007. 5. 18   강정해군기지 반대대책위 구성.

2007. 5. 25   강정해군기지 유치추진위 구성.

2007. 8. 10   반대 주민 임시총회 개최, 회장 해임 결의(주민 436명 참가, 416명 찬성(95.4%))

2007. 8. 20   해군기지 유치 찬반 주민투표 실시(주민 725명 참가, 680명(94%) 반대)

2009. 1. 15   국방·군사시설사업 실시계획 승인.

2009. 4. 20   강정마을회, 국방·군사시설사업 실시계획 승인 처분 무효확인소송.

2009. 9. 26   환경영향평가 재심의. 보완 동의 결정.

2009. 9. 28   문화재청, 현상변경 조건부 허가.

2009. 12. 23   제주도, 절대보전지역 변경 고시(해당 지역 절대보전지역에서 해제)

2009. 12. 23   제주도, 공유수면매립 기본계획 변경 고시.

2009. 12. 28   국방부, 항만공사 실시설계 확정.

2010. 1. 25   강정마을회, 절대보전지역 변경 처분 무효확인소송.

2010. 3. 15   국방·군사시설사업 실시계획 변경승인분.

2010. 4. 6   공유수면매립실시 계획인가.

2010. 4. 29   강정마을회, 공유수면매립승인처분 취소소송.

2010. 7. 15   국방·군사시설사업 실시계획 승인 처분 무효확인소송 판결(1심)-

2009.1.15 승인처분(원처분)은 무효, 2010.3.15 승인처분(변경처분)은 적법

2010. 8. 19   마을총회, '제주해군기지와 관련한 강정마을의 제안' 채택(주민 648명 참가,

492명 찬성(75%)) - 다른 마을 유치할 의사 없고, 제반 조건 이행시 유치 수용

2010. 10. 19   위미1리, 화순리, 사계리 등 3개 마을 해군기지 반대 결정.

2010. 11. 1   강정마을회, 제주해군기지와 관련한 입장 발표-조건이행불충분, 8.19제안 백지화

2010. 11. 29   제주도지사 강정마을 방문 주민설명회 개최.

2010. 12. 15   절대보전지역 변경처분 무효확인소송 판결(1심)-원고부적격으로 각하

2010. 12. 22   강정마을 임시총회 개최. 반대결정.

2011. 6. 16   국방·군사시설사업 실시계획 승인 처분 무효확인소송 판결(2심)-원심확정

2011. 7   범국민대책회의 결성.

2011. 9. 3   1차 평화비행기, 평화축제.

2012. 3. 7   구럼비 발파 강행.

2012. 3. 26   강정마을회 공사중단요구 기자회견.

2012. 5. 30   공유수면매립승인처분 취소소송(1심)-원고청구 기각

2012. 7. 5   대법원, 국방·군사시설사업 실시계획 승인 처분 적법 판결.

6

같은 일을 하고 다른 대우를 받는 사람들

·

현대차 비정규직 이야기

만화 김수박

1974년 대구에서 태어났으며 건축공학을 전공했다. 대학신문에
시사만화를 연재하면서 만화가로서의 삶을 시작했다. 만화로 마음
을 표현함으로써 건강한 정신과 행복을 얻고 있다. 《오늘까지만 사
랑해》, 《아날로그맨》, 《사람의 곳으로부터》, 《내가 살던 용산》(공
저), 《빨간 풍선》, 《사람 냄새》 등의 작품이 있다.
www.kimsubak.com

르포 서분숙

대구에서 태어났다. 노점 상인이던 어머니를 따라다니며 어린 시
절을 대구 칠성시장에서 보냈다. 지리교육학을 전공한 후 십여 년
비정규직 교사로 아이들을 만났다. 교사 시절 느낀 비정규직의 아
픔 때문인지 사람들의 아픔을 찾아다니며 글에 담는 일을 하고 있
다. 제15회 전태일문학상을 수상했으며, 〈자음과모음R〉과 〈울산저
널〉 등에 르포를 연재했다. 지은 책으로는 내성천을 따라 흐르며
살아가는 사람들의 삶을 그린 동화 《할머니의 강》이 있다.

방패막이

김수박

척착착착척…

현장의 불씨를 현장의 파업으로!
해결하라!
힘내세요 공무원 노조가 함께합니다.

임태현 씨의 3형제는
모두 현대자동차의
비정규직 노동자다.
임태현 씨가 그중 첫째다.

비정규직-임태현 씨 이야기!

울산에는… 다른
대기업도 있는데…
현대자동차에
관련된 사람이
제일 많아요.

거의 2만
가까이 되니까…
다른 데 비하면
엄청나죠.

임태현(37)

그래서 울산에는 "현대자동차가 망하면
울산도 망한다" 이런 얘기가 있는 거죠.

제가 2001년 2월에
입사했습니다. 스물…
다섯이었죠. 동생들은 벌써
일을 하고 있었고요.

제가 제대하고
1년 후에
입사했거든요.

그 당시에는요 〈교차로〉 보면
온통 자동차 '업체'였어요.
'하청업체' 모집공고를
많이 했거든요.

교차로

이력서만 내면 바로
일할 수 있는 시기였지요.

친구야! 제대하디
정신 차렸나 보네?!

묵고 살아야
될 거
아이가?!

당구 치러 가자!

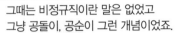

그때는 비정규직이란 말은 없었고
그냥 공돌이, 공순이 그런 개념이었죠.

네? 합격
했다고요?

아이구… 우야든
잘 됐데이!

내일예?!

니가 제일
걱정이두마!

비정규직이라고 안 하고,
'업체'나 '하청'이라고만 했어요.

3형제가 모두 군제대하고 입사했는데, 제가 제일
늦었어요. 군대를 좀 늦게 갔거든요.

행님! 축하
한데이~

회사로 보마,
행님이 막내네!
하하하

내가 먼저
승진했삐마
되지!

그카면
우리야 좋지!

하하하

저도 2000년에
입사했지마는,
그 당시에도 '직영',
그러니까 '정규직'
이란 것 자체를
뽑지 않았어요.

IMF 이후에
하청을 대거 뽑았거든요.
그러니까… 2002년에
직영 뽑은 것 외에는
전부 하청만
뽑았어요.

그게 무슨
말이냐 하면…

임단협(임금·단체협약) 시기에, 정년퇴직자가
나가면 생기는 자리를 하청업체에서 30% 정도
뽑아서 간 적은 있어요.

와? 생각
있어요?!

아니!

모집공고

1,000명 자리가 났으면, 700명은 하청으로 돌리고
300명 정도 업체에서 올린 거죠.

당시 주위 친구들도 '정규직'으로 들어간다는 생각
자체가 없었어요. 그렇게는 안 뽑으니까요. 그냥 중공업,
자동차, 석유화학단지 등의 '업체'로 가는 거죠.

기대하면
실망한데이!

와? 꿈도 못 꾸나?!

끼꾹
끼꾹

그래, 그래!
출세해가
술 사도!

딱!

IMF 이후에,
울산에 있는 사업주들이
하청업체를 활성화
시킨 거죠.

임금 같은 거 생각해
보면 부담스러우니까
그렇게 한 것
아닌가 싶어요.

그렇게 다니다가
아까 얘기한 몇%는
직영으로 잘하면
갈 수도 있고…
그 정도 생각으로
들어간 거죠.

들어가서 보니 정규직 비정규직 차이도 보이고 30% 정도는 정규직이 될 수도 있으니까, 그것 때문에 더 열심히 일하게 되고… 정규직으로 가야겠다는 인식도 갖게 되는 거죠.

그 30% 때문에, 겉으로 표는 안 내지만, 서로 경쟁하는 분위기도 깔려 있었죠.

끝!

아따, 빠르네!

당연히 위에서는 이 경쟁의식을 이용하기도 하고요.

그런데 이 방식도 2004년부터는 없어져버렸어요.

어? 30% 직영 안 올리나?

모집

힘내라! 다음에…

정규직이 우리 마음 우예 아는교?

이 자슥이? 내년에 함 두고 보자 안 카나?

기대하면 실망한다 카디만…

2002년부터 한 3년 정도 하고는 없어진 거죠.

그 이후로는 그냥 비정규직으로 일했죠.
2005년에 5공장에서 불법파견에 대해 조직적으로 문제제기 했다가 대량해고를 당했어요.
당시에 최병승 씨가…

HYUNDAI
울산공장

지회에 돈이 없으니까 단체소송은 힘들 것 같고…

최병승

최병승 혼자 이름으로 소송을 했습니다.

그게 2006년에 불법파견이 맞다고
판결이 났거든요.
그 후에 저쪽에서 항소하고 그러면서
2010년에 최종판결이
나오게 된 거죠.

최병승 씨가 이겼어요.

2010년 판결
현대자동차가 2년을 초과하여
계속적으로 파견노동자를
사용하는 경우 2년 기간 만료
다음날부터 직접고용한
것으로 보며 최병승 조합원은
2004년 3월 13일부터
현대자동차에 의해 직접고용된
것으로 간주된다.
—2010년 대법원 판결—

대법원은 2012년에 현대차 불법
파견 확정판결을 다시 내립니다.

그런데 현대가
이행을 안 한 거죠.
우리 입장에서는
대표자 소송인데,
회사에서는
개인 소송이라고
최병승에
한해서만
인정합니다.

철탑에 올라간 것은 현대차가 대법원
확정판결을 이행하지 않았기 때문입니다.

2012년 10월 17일 밤 9시쯤 현대차 비정규직
최병승 씨와 비정규직노조 사무국장 천의봉 씨가
울산 북구 현대차 명촌정문 주차장의
송전철탑에 올라가 농성에 돌입했다.

최병승 씨는 경찰의 강제진압에 저항하기 위해
온몸에 시너를 끼얹었었다.

올라 오면
불 붙인다!

마, 고마
내려오소!

이들은 철탑 위에서 플래카드를 내걸고, '현대차
비정규직 근로자 전원 정규직화'를 요구한다.

정규직,
비정규직
급여
차이요?

제가 여기 3공장
바로 앞 공장 도장부에서
일을 했어요.

'실러' 작업을 했죠.

자동차에 물이 새지 않게 하는
작업이에요.

오른쪽 문짝을 비정규직이 작업하고,
왼쪽은 정규직이 해요.
당시에 제 시급이 2,150원이었어요.

비정규직

정규직

당시 비정규직 월급은 정규직의 50%,
많아야 60% 정도였어요.

끝!

아따,
빠르네!

나도
정규직
간다!

앞서 말했듯, 충원의 30%를
직영으로 뽑는 제도도 사라졌지요.

급여 차이가
날 수밖에 없는 것이…
매년 임금협상 때마다
정규직 10만 원 올리면,
비정규직은 9만 원
올리고… 이런 식으로
해왔거든요.

최근에는 정규직 9만8,000원 올리면
비정규직 9만7,000원 올리는 식으로 바뀌었지만…

그때는 차이가 많이 났죠. 그런 방식이니까
시간이 갈수록 격차가 더 커지죠.

· · · ·

경남은행

임금에서는 괜찮지만…
상여금이라든지 복지 문제에서 차이가 많이 납니다.

쯔쯔쯔

행님, 임금이 뭐가 괜찮습니까? 정규직 60%밖에 안 된다는데…

알아, 그래! 알았어!

지금으로서는 계속 비정규직으로 살 수밖에 없고…

승진을 할 수 있는 길이 전혀 없습니다.

우리가 싸우는 게 우리나라 최고 사법기관인 대법원의 판결을 회사가 이행하지 않고 있기 때문입니다.

해고요?

네…
2007년에 경남산업에서 해고되었죠.

※경남산업은 2007년 9월 1일 현대자동차 울산공장 도장3부 업체 GMS를 승계한 업체이다.

업체가 바뀌게 되면, 새 사장이 오죠.

그리고 고용승계를 해야 하는데, 이때 근속연수를 없애려고 하더라고요.

새로 회사를 인수한 경남산업은 늘 그 자리에서 일을 하던 노동자들에게 그동안의 근속연수를 인정하지 않고 새로운 근로계약서를 요구했다. 비정규직보호법 때문이다. 장기 근무 노동자들의 근속 경력을 없애고 새롭게 단기 계약을 맺는 것이 비정규직보호법이 실현되고 있는 공장의 현실이다.
—르포작가 서분숙—

해고

2006년까지는 업체가 바뀌어도
근속연수를 인정해줬거든요.
그런데 2007년부터는 안 해주더라고요.

작년까지만
해도 다
인정해줬단
말입니다.

그럼 지금까지
일한 게 다
헛겁니까?

회사 방침
입니다.

우리가 첫 케이스였어요.
싸웠죠. '근속연수 사수',
'파업투쟁' 내걸고…
천막농성하고…

경남 천막농성
끈질긴 투쟁! 원직복직!

그 바람에 해고된 거죠.

어머니도 동생들도 이해를 못 했죠.

어무이! 저
나갑니다!

왜 나서서
싸우노?

중간만
서면 되지…
아이고…

고마 하소, 마!

행님!

뭐 하러 앞장을
서가 짤리고 카노?

뇌라! 천막
가야 된다!

행님, 장남
아이가?!

뭐라꼬,
이 짜슥이?!

카모 애는?!
애는 우얄낀데?!

천막농성할 때, 딸이 아내 뱃속에 있었거든요.
거짓말 아니고 그때 진짜 힘들었어요.

경남 천막농성
끈질긴 투쟁! 원직복직!

경남 천막농성
끈질긴 투쟁! 원직복직!

그때 딸내미가 태어났어요. 애 엄마가 애 낳을 때도 제가 병원에 못 갔어요. 낳았다고 해서, 잠깐 찾아가 "고생했다" 얘기하고

… …

그래, 알았다. 가봐라.

미안하데이.

괜찮다.

다시 천막으로 돌아오고…
딸한테 정말 미안한 게…

딸내미가 너무 씩씩하고 강하게 자랐어요. 지금 투쟁한 지 7년 되었으니…

벌써 일곱 살 입니다. 내년에 학부모 됩니다. 허허허.

그때 세 명이 경남산업에서 해고돼서 천막에 앉아 있는데…

애기가 갓 태어나고 그래서 동료들이 애기를 같이 키우겠다고 기저귀 모으고 그랬죠.

맞습니다…

기저귀 걱정은 없었어요.

임태현 씨! 좀 나와 보소!

뭐꼬?

설, 추석 때 선물값이 나왔거든요, 10만 원씩.

아니… 다른 게 아이고…

동료들이 그걸 다 모아서 저한테 줬어요.

기저귀 사라고…

많이는 못 모았데이.

오…

어…

컥…

아… 새끼, 사나 짜슥이…

둘째의 해고 – 2010년 CTS 점거 파업

700여 명의 비정규직 조합원이
울산1공장 CTS를 점거하며 농성에 들어갔다.
(CTS=자동차 문짝 탈부착 생산라인)

농성은 25일간 이어졌고, 회사 측과
'비정규직 특별교섭(사내하청 특별협의)'을 열기로
합의하며 겨우 일단락됐다.

둘째는 그때 해고되고,
막내는 3개월 정직 먹었다가
업체에 복직했죠.

어무이가…

내가 속이 다
타들어간다, 어이?!

많이 해고
되드마,
둘째까지…
이래 되면
우야란
말이고?!

아이참…
어무이!

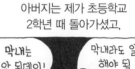

아버지는 제가 초등학교
2학년 때 돌아가셨고,

막내는
안 된데이!

막내라도 일을
해야 될 거
아이가,
어이?!

삼형제가 다 해고되면
가정이 위험하니까…

막내가 속이 좀 깊어요.

내까지 그래뿌마,
어무이는 우야노?

행님들, 둘 다
이렇게
됐는데,

행님들,
미안하데이.

아이다,
니 말이 맞다.

저는 결혼을 했는데, 둘째랑 막내는 아직 못 했어요.

이번에
점거 농성
하면서…

내가 전에는
몰랐는데…

행님 마음
알겠드라고.

한 잔
해라, 마!

둘째랑 막내가 어무이 다독거리고
이해시키고 하니까, 지금은 많이 지원해주세요.
서울 가면 몸조심해라, 그러죠.

사실…
아내와는…
헤어졌
습니다.

투쟁하다
보니… 딸은
어무이가 키우고
계시고…

제가 해고되면서
가정이 좀 힘들어졌죠.

저는
그렇게
생각하
거든요.

나는 부당하게
해고된 기라꼬!

싸워서
복직할 끼다!

· · · · ·

애기는?

애기 엄마는 이런 마음을
잘 몰랐어요.

벌이가 없으니까 저축했던 돈도 점점 떨어지고…

또 나가나?

좀 있으면
끝난다.

· · · ·

그기
2년이다.

나도 지쳤다.

좀 있으면 끝난다, 몇 달 있으면 끝난다…

한 가정의 가장으로서 가정을 못 지킨
내 책임이 크다고 생각하는데…
가슴에 상처가 남아 있어요.

힘들긴 했겠지만,
두 살짜리를 놔두고 등 돌리고 갔다는 것이…

이 일이 잘 해결
된다고 해도 다시
결합하기는…

힘들 것 같아요.

어디서부터
잘못된 걸까요?

진짜…

어디서부터
잘못되었을까요?

비정규직의 시작

IMF 이후, 1998년에 현대자동차에서 정리해고가 있었어요.

이때 정규직들이 많이 잘렸죠.

대량 구조조정으로 많이 나가고, 그 다음에는 정규직이 아니라 업체나 비정규직을 쓴 거죠.

저도 그때가 기억나는데… 1998년에 정리해고가 너무 많으니까 노조 조합원들이 싸우려는 의지가 강했어요.

이후에 노조가 비정규직 채용을 합의해 줬지요.

삐유~

2000년 6월, 현대자동차 사측과 정규직 노조가 16.9%선에서 사내 하청업체를 둬도 된다고 합의한 후, 갑자기 하청업체가 늘어났고

비정규직 노동자 수도 1만 이상으로 늘어나게 된다. 현대자동차는 그때 한꺼번에 비정규직 노동자를 늘렸다.

"앞으로 정규직은 해고하지 않고, 해고해야 한다면 비정규직에서 해고하겠다."

이렇게 회사와 노조가 합의한 겁니다.

현대차 정규직과 비정규직 사이 불협화음의 시작이죠.

2001년 임태현 씨의 입사

행님! 축하 한데이~

회사로 보마, 행님이 막내네! 하하하

내가 먼저 승진했삐마 되지!

임태현은 비정규직 채용이 시작되는 시기에 비정규직으로 입사했다.

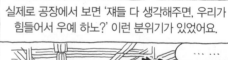

실제로 공장에서 보면 '쟤들 다 생각해주면, 우리가 힘들어서 우예 하노?' 이런 분위기가 있었어요.

…‥‥

그때부터 정규직, 비정규직은 만날 수 없는, 화해할 수 없는 길을 걷게 되었다고 생각해요.

"너거는
우리의
고용
방패막이다."

'너거는 우리의 고용
방패막이기 때문에,
너거는 우리보다 더 힘든
일을 해야 된다!'

입사 초에는
그런 분위기가
심했어요.

당시에는 욕도 막 하고…

어… 죄송합니다.
실수했네요.

장난 하나,
시발놈아!

네?!

야간작업할 때 야참이 나오면 정규직에게는
나눠주고 비정규직에게는 안 줘요.

참 먹고 합시다!

야, 나가자!

정규직은 휴게실이라는 공간이 있는데,
우리는 휴게실이란 게 없었어요.
그냥 조그만 간이의자 갖다놓고 앉아서 쉬고…

…….

…….

운동하는 시설에서 운동 좀 하면…

니가 여기
웬일이고?

예? 운동
좀 할라꼬.

그러니까
니가 왜
여기서
운동을
하냐꼬?

…….

아… 존나
개념 없네!

그냥 싸우고 나가버린 사람도 많았어요.
참다 참다 폭발해서…

에라이,
니기미!

좆같아서
못 해먹겠네,
시발!

이 짜슥이
미쳤나?

행님,
참으소!

안 미쳤다, 개새끼야!
내가 관둔다!

너! 밖에서 나
마주치지 마라!

많은 사람들이 오래 견디질 못했죠.
한 달이나 보름 일하다가 나간 사람도 많고…

비정규직 노동자들이
사람에게 선뜻 다가서지 않고,
어두운 면이 좀 있거든요.

많게는 10년씩 이런 종류의
인간적인 수모를 받고

아… 존나
개념 없네!

자기가 비정규직,
소모품이라는 마음이 바닥까지
닿은 사람들이에요.

좆같아서
못 해먹겠네.
시발!

이 짜식이
미쳤나?

안 미쳤다, 개새끼야!
내가 관둔다!

처음에는 정규직이 되고 싶다는 소망도 있었지만,
공장 안에서 모멸감을 당할 만큼 당해서

힘내라! 다음에…

정규직이
우리 마음
우예 아노교?

이 자식이?
내년에 함
두고보자
안 카나?

스스로에게 아픔으로 무겁게 내려앉아 있는 거죠.

월급 차이 나는 것은 알겠는데,
왜 사람의 인격까지 차별하는 건가?

어이, 태현이!

니 술
묵었나?

행님, 장사
잘 돼요?

아직 시작
이지, 뭐…
않아라!

인간적 수모! 그게 지금까지 싸우게 만드는 이유예요.
그 상처는 없어지지 않습니다.
인격을 차별받은 상처 말입니다.

칙칙칙칙칙 뻬바앙!

사람이 사람에게 해서는 안 되는 그것 말이다.

걱정이다…

여름을 우예 날지…

나도 파업한다고 천막생활 1년 하니까 10년 체력이 한 방에 가버리더라고.

잠을 제대로 못 자잖아. 여름에는 하도 더우니까… 더워서 새벽에 겨우 잠든다고.

그런데 아침 5시부터 바로 햇볕이 들잖아. 그럼 눈을 안 뜰 수가 없거든.

겨울도 힘들지만 여름이 진짜 힘들어. 걱정이야…

주말에는 딸내미랑 시간 보내려고 노력 많이 하죠. 그런데 그거 가지고는 성에 안 차는가 보더라고요.

한 번씩 짜증내면서 울 때도 있고…

그때 제일 가슴 아프죠.

주말에 한 번씩 여기, 철탑에 데리고 와요.

응~ 왔어?

"삼촌 둘이 저기 위에 있다." 그렇게 얘기해주기도 하고요.

아빠! 그런데 삼촌들…

저기 왜 올라 가 있어?

"네가 나중에 커서… 좋은 세상에서 살 수 있게끔 삼촌들이 저 위에서 열심히 싸우고 있는 거야." 그렇게 얘길 해주죠.

주말에 애랑 놀다 보면…

애가 먼저 얘기하기도 해요.

음… 철탑 가면 안돼?

철탑 놀러 가자!

· · · ·

그래, 가자!

요즘엔 한글도 깨우쳐서, 여기 글씨도 읽어요.

아빠! 투쟁이 뭐야?!

음…

나중에 커서 '아빠가 옳은 일을 했구나'

그렇게 생각해주면 참 고마울 텐데… 허허허.

하하하…

척척척척척…

통! 통!

빠―앙!!!

아빠! 이번에도 빵했어!

하하하…

여기는 기차가 자주 지나가는데, 운전자가 노조 가입자면 저렇게 응원 신호를 보내요.

철탑, 당신과 나 사이

서분숙

현대차 사내하청은 첫 공정에 배치되는 순간을 제외하면 모든 것을 현대차 조직 체계에서 통제받고 있다. 단지 작업복에 업체 이름이 적혀 있고, 출입증·월급날짜· 임금명세표·임금이 다를 뿐 모든 것이 동일했다. 결국 현대차 사내하청은 숨겨진 현대차 직원인 것이다.

현대차 사내하청 노동자는 숨겨진 진실을 밝히고 싶었다. 2004년 5월 고용노동부에 총 18명의 현대차 사내하청 노동자가 위장도급(묵시적 근로관계) 조사를 요구하는 진정서를 제출했다. 노동부는 아쉽게 불법파견이라 판단했고, 현대차에게 정규직 전환을 요구했다. 그러나 현대차는 엉터리 개선계획서를 제출했고, 노동부는 개선의지가 없다며 동부경찰서에 현대차를 파견법 위반으로 고발했다. -'철탑에서 온 편지'[1] 중에서

반쯤 뜯어놓은 공장 담을 마저 떼어내려는지 한 무리의 사람들이 철 담을 묶

----

1) 최병승, 매일노동뉴스, 2013.3.26.(최병승 씨는 철탑농성 중 매일노동뉴스에 2013.3.11~8.19 매주 '철탑에서 온 편지'를 연재했다.)

은 줄을 당기고 있다. 줄다리기를 하듯, 긴 줄을 당길 때 마다 담은 점점 공장에서 멀어져 사람들이 있는 길 쪽으로 휘어지고 있었다. 곧 가스가 분사될 걸 모두 알고 있기에 줄을 당기는 사람들의 마음이 급하다. 최루가스인지 소화기 분말가스인지 알 수 없는 가스가 한번 뿜어져 나오면 앞을 볼 수 없는 것은 둘째 치고 당장 숨을 쉬기가 어려웠다. 뜯겨져 나온 공장 담 쪽에 여러 겹으로 서있던 용역회사 직원들과 회사 관리자들은 시위 대열에 있는 사람들을 향해 쉴 새 없이 호스를 조준해 물과 가스를 쏘아댄다.

2013년 7월 20일, 전국 각지에서 출발한 버스가 현대자동차 명촌정문 앞 주차장에 닿았다. 버스는 모두 소속된 회사의 이름을 명패처럼 붙이고 왔지만 사람들은 이를 그냥 희망버스라 불렀다. 2012년 10월 17일, 현대차 비정규직 출신 해고자 최병승과 현대차 울산공장 비정규직지회 사무국장 천의봉이 현대차 울산공장 명촌정문 주차장 송전철탑 23미터 지점에서 '현대차의 불법파견 인정, 모든 비정규직의 정규직화'를 요구하며 철탑농성에 돌입한 지 280일 되는 날이었다.

이미 바닥은 호스에서 뿜어져 나온 물로 흥건하다. 담을 묶은 줄을 당기는 사이에도 쉴 새 없이 호스의 물줄기가 시위대를 향한다. 가스 때문에 잠깐 줄을 놓쳤다가 다시 줄을 잡으러 사람들이 모여 들었다. 공장 옆 철 담은 거의 떨어져 나와 있었다. 두어 번만 더 줄을 잡아당기면 담은 곧 공장으로부터 분리될 기세다.

엉기성기 그물망처럼 짜여 있는 철 담은 봄부터 여름까지 줄장미가 내내 기대어 꽃을 피워 올리던 곳이다. 한번 들어가면 기계처럼 꼬박 자동차를 만들어내는 데에만 온몸의 에너지를 소진해야 하는 공장 안이지만 출퇴근길, 고향의 여동생 얼굴처럼 아름답던 저 꽃은 누군가의 위안이었을지도 모른다. 그러나 그저 위안이었을 뿐, 힘은 되지 못한 아름다운 꽃들이 기댄 저 담이 지금 뜯겨나가고 있다. 담장을 감고 오르던 장미꽃의 아름다움보다 더 절실한 건 공장 밖의 사람들을 공장 안으로 잇는 일. 사람들은 지금 공장 담을 부수고 있다.

뜯겨져나간 담의 공백을 채우려는 듯 관리인들과 용역직원들이 담 쪽으로 빽

빽이 몰려 서있다. 사람들이 다시 다른 담 쪽에 묶은 줄을 잡는다. 나도 바닥에 있는 줄을 잡았다. 줄인 줄 알고 잡았는데 뾰족뾰족한 가시처럼 철사가 솟아나 있다. 금세 손에서 피가 새어나왔다. 바닥에 떨어져 있는 페트병에 담긴 물을 손에 부어 피를 씻어내는 사이 다시 호스의 센 물줄기가 내 몸을 때린다. 마치 정해진 순서인 양 이번에는 대량으로 뿜어낸 분말가스가 시위대를 덮친다. 몸속에 남은 마지막 음식조차도 다 쏟아져 나올 만큼 따갑고 매운 가스가 속 깊이 흘러든다. 뒤편 철탑 위로는 둥근 달이 떠 있다. 달빛이 쏟아지는 공장 안에는 이 순간에도 특근을 하는 노동자들이 있다. 누군가 저 라인을 세워준다면, 저 라인이 서서 생산이 멈추고 공장이 얼어붙는다면…….

이 순간에도 누군가는 생산라인에 서서 현대자동차를 만들고 있다. 바깥에서 사람이 다치고 경찰차에 실려 가고 철탑 위에서 목숨의 바닥이 드러나는 사람이 있는데, 공장 안에서는 라인이 돌아가고 있다. 경찰이나 용역보다 더 무서운 게 바로 이 순간에 돌아가는 컨베이어 라인이다. 이 와중에도 현대자동차 정규직 노동자들의 모습은 좀체 찾아볼 수 없다. 돌아보니 어둠 속에 누군가 앉아있다. 오래 알고 지내던 현대차 정규직 노동자다. 화난 마음에 지금 공장 안에서 일하고 있는 사람들은 도대체 누구냐고 따지듯 물어버렸다. 그는 그냥 고개를 숙인다. 그 한 사람이 어떻게 할 수 있는 일도 아닌데, 그 또한 정규직 노동자로 살면서 이런 물음을 들을 때마다 얼마나 난감했을까. 괜한 걸 물어본 것만 같다.

대법원은 현대차 사내하청이 불법파견이라고 판결했다. 불법파견 노동자는 현대차에 고용의제(의무) 조항이 적용된다. 이에 따라 현대차 사내하청은 2년을 초과한 날로부터 정규직이다. 개정 파견법이 적용된 2012년 8월 1일부터는 하루만 일해도 정규직이 될 수 있는 권리를 갖는다. 현대차도 이 사실을 잘 알고 있다. 불법파견이 부담스러웠던 현대차는 2012년 6월부터 2년 이하 사내하청을 기간제(촉탁계약직)로 전환했고, 현재는 특근 일당직에도 기간제 노동자를 사용하고 있다. 불법파견이 아니라면

현대차가 왜 느닷없이 2년 이하 사내하청 노동자를 계약직으로 바꿨겠는가. -'철탑에서 온 편지'[2]

2013년 4월 14일. 현대자동차에서 일하던 한 젊은 노동자가 스스로 목숨을 끊었다. 그의 아버지는 34년을 현대자동차에서 일하다가 퇴직한 노동자였다. 죽은 아들은 2013년 1월, 다니던 현대자동차로부터 더 이상 출근하지 말라는 통보를 받았다. 아들은 현대차가 한시적으로 고용한 촉탁직[3] 노동자였다. 촉탁직으로 계약하기 이전에는 1년 7개월 동안 현대차 사내하청 노동자로 일했다. 사내하청 공장에서 일한 기간이 2년이 다 되어가자 현대차는 그에게 정규직 채용 때 유리할 테니 촉탁직 노동자로 일하라고 했다. 파견노동이 불법이라고 대법원에서 판결나면서 사내하청 노동자들의 정규직 전환 요구에 부담을 느낀 회사는 하청 노동자들에게 촉탁직 전환을 요구한 것이다.

어디에서 일하든 열심히만 하면 현대차 정규직이 될 수 있을 거라던 아버지의 말을 철석같이 믿었던 아들은 계약 만료를 이유로 촉탁직에서마저 내몰린 후 아버지를 원망했다. 눈에 띄게 말수가 적어졌고 가족들에게 날카로워졌다. 출근하지 말라는 통보를 받은 석 달 뒤, 아들은 아버지와 함께 살던 그 집에서 스스로 목을 맸다. 꿈도, 욕망도 놓아버린 아들의 시신을 안은 아버지는 말한다. "내가 사랑했던 회사가 내 아들을 죽였다."

아들이 촉탁직으로 몰려 마침내 목숨까지 놓아버리는 일이 비단 그 아버지에게만 일어난 일은 아닐 것이다. 그것은 누구에게나 일어날 수 있는 일이다. 그럼

----

2) 최병승, 매일노동뉴스, 2013.4.1.
3) '촉탁직'은 법률상의 용어는 아니다. 원래는 주로 정년이 지난 사람을 계약직으로 재고용할 때 쓰이던 용어였으나, 일반적인 계약직을 일컫는 말로 점점 널리 쓰이고 있다. 법률적으로는 '임시직 근로자'라 할 수 있다.

에도 현장은 아무런 동요가 없다. 현대차 정규직 노동자들도 아들을 잃은 노동자와 비슷한 나이 대인데, 이제 서른을 눈앞에 둔 젊은 노동자의 자살이 공장에 아무런 파장을 일으키지 않았을까? 나는 집회장에서 만난 현대차 노동자에게 젊은 노동자의 죽음에 관한 생각을 들었다. 그는 이제 갓 대학에 입학한 아들을 둔 아버지다. 촉탁직 젊은 노동자의 죽음 이후 현장 노동자 한 사람 한 사람 이야기를 나누어보면 자기 아들에게도 닥칠 수 있는 일이란 걸 공감한다고 한다. 하지만 하루하루 반복되는 노동 속에서 그런 깊고 아픈 고민은 곧 묻혀버리는 게 현실이라는 것이다. 긴 노동 끝에 맞이한 휴식 시간에는 스포츠나 단순한 여가에 몸을 맡겨버리는 게 현대차 노동자들의 일상이다. 그러고 보니 공장 앞에는 술집과 다양한 종류의 스포츠용품점이 즐비하다.

장시간 노동은 노동자들이 자신의 삶에 대해 깊이 생각하는 걸 어렵게 만들어버린다. 아니, 장시간 노동만이 원인은 아닐 것이다. 세상을 바꾸길 포기한 듯한 노동조합, 주어진 환경의 안락함만 좇는 듯한 노동조합은 더 이상 노동자들의 불빛이 아니었다. 캄캄한 밤. 어딘가 길을 알려주던 불빛이 사라진 지 너무 오래되었다. 길을 잃지 않으려는 필사적인 노력으로 켜 든 촛불만이 군데군데 불을 밝히고 있다.

"예전에는 다 어려우니까 다른 사업장 싸우는 데 연대도 하러 다니고 그랬는데 지금은 먹고 살 만하니까 그냥 다른 사람 어려운 거 생각 안 하는 거죠. 현장에서 보면 비정규직 문제에 관심 있는 사람도 있지만 대체로 남의 일이라는 듯 별로 관심이 없어요. 노동조합이 비정규직 문제를 적극적으로 알리고 연대하면 조합원들도 비정규직 투쟁에 참여할 거예요. 근데 조합은 회사 쪽 성향의 조합원 눈치도 봐야 하니 비정규직 문제에 대해 적당히 거리를 두는 거죠."

집회장에서 만난 현대차 정규직 노동자는 결국 노동조합 간부들도 자신의 욕망을 위해 노동조합 활동을 하는 것 같다며 씁쓸해 한다. 비정규직 노동자를 외면하는 노동조합. 그런 조합이 무슨 의미가 있느냐 되묻고 싶지만 이미 욕망은 깊게 우리의 삶을 잠식한 듯하다.

철탑 뒤로는 달이 밝다. 달빛이 가득 찬 공장 마당. 컨베이어 라인이 돌아가는 안에도 사람이 있고 희망버스가 가득한 밖에도 사람이 있다. 그리고 철탑 위에도 사람이 있다. 하지만 지금 사람들 사이에 길이 보이지 않는다. 그 길을 내려고 저리도 많은 희망버스가 왔는가.

3,615일 동안 진행형인 현대차비정규직지회의 투쟁은 수백만 명인 사내하청 노동자를 영원한 비정규직으로 살게 하지 않는 투쟁이자, 또 다른 악법인 사내하도급법을 저지하는 출발점이다. -'철탑에서 온 편지'[4]

그들이 296일 만에 철탑에서 내려오던 날. 더운 날이다. 300일 가까이 두 젊은 노동자의 하늘집이 되어준 붉은 천막들도 이제 땅 위에 놓여 있다. 에어백처럼 부푼 천막 비닐 사이로 더운 공기가 한가득 들어앉아 있다. 만져만 봐도 후끈하다. 가만히 그늘에 앉아 있어도 더위를 이기기 힘든 날에 뜨거운 열기로 달구어진 철판 위의 비닐 공간에서 보냈을 날들……. 그 고통은 상상하기조차 어렵다. 철탑 아래 주차장 마당에 서 있던 푸른 농성천막들도 모두 사라졌다. 그 허전함에, 잠시 가슴에 찬바람이 든다.

마당 한편에는 봄부터 가꾼 텃밭이 있다. 한 여름 내내 힘들었던 건 사람만이 아닌 모양이다. 얼마나 뜨겁고 가물었던지 키다리처럼 자라버린 상추가 뿌리까지 누렇게 시들어버렸다.

2012년 가을. 두 사람이 철탑으로 올라가고 철탑 아래 주차장에는 여러 개의 푸른 천막이 섰다. 그 천막으로 사람들이 모이기 시작했다. 유목민처럼 농성장 천

----
4) 최병승, 매일노동뉴스, 2013.3.26.

막을 집 삼아 살던 노동자들. 그들은 대부분 20~30대를 이곳 현대자동차 공장에서 일했다. 10년 가까운 세월 동안 공장에서 일했지만 지금 그들에게 남은 것은 농성장에 뉘일 몸 하나 뿐이다. 길게는 10년, 짧게는 3년 이상의 해고 생활은 너무 많은 것을 빼앗아갔다. 무너진 건 생계뿐만 아니었다. 칼바람처럼 후벼 파는 가난과 언제가 될지 모를 복직의 시간. 그 사이 애써 일군 가정이 무너졌고 어린 아이는 부모가 아닌 타인들의 손에서 자라기도 했다. 대부분 삼십대 중반의 나이임에도 너무 많은 것을 겪은 탓인지 일찍 굳어버린 얼굴들. 그 굳은 얼굴을 가면처럼 덧쓰고 집회장으로 농성장으로 떠돌던 삶들이 철탑 아래 푸른 천막에 깃들여 살기 시작했다. 모일 수 있고 싸울 수 있는 이 터전이 소중했다. 세 끼 밥 함께 나누어 먹을 수 있고, 밤이면 그 누군가와 함께 잠들 수 있는 이 마당이 모두에게 소중했다.

철탑 위에 올라가 있던 노동자들은 이 시간들이 서로에게 치유의 시간이 되었으면 좋겠다고 했다. 상처받고 떠나간 사람들, 지금도 화해하지 못한 채 남아있는 사람들끼리 서로 이해하고 사랑할 수 있는 장소가 되기를 바란다고 했다. 그들이 오른 철탑. 그들은 비록 결전에 가까운 선택으로 올랐다고 하더라도 그들이 이 철탑 위에서 살아가는 동안 아래에서는 서로 이해하고 용서하길 소망했다. 그들이 철탑 위에 오른 때는 2012년 가을이었다. 철탑에서 바라본 나무들이 막 단풍이 물들기 시작한 계절이었다.

2013년 3월, 꽃샘바람이 불던 날. 주방에선 뭔가 특별한 음식이 준비되고 있다. 노란색과 붉은색의 피망이 세로로 곱게 잘려 있고 부엌 안쪽에는 긴 머리카락처럼 찰랑거리는 부추도 그릇에 담겨 있다. 2012년 10월 철탑농성이 시작된 이후 농성장의 주방장이 된 박두원은 찬바람이 부는데도 반팔 차림으로 분주하다.

그는 '보기 좋고 먹기도 좋은 쇠고기 찰떡구이'를 만들고 있다고 한다. 얇게 저며 구운 쇠고기와 미리 다듬어 잘라놓은 채소들을 베이컨에 돌돌 말아 긴 고치에 하나하나 꽂고 있다.

"요리할 때 가장 염두에 두는 건 건강이에요. 국을 끓일 때도 다시마, 대파 뿌리, 멸치를 넣어 육수를 내요. 조미료를 쓰지 않고 이렇게 자연식으로 하는 건 건강 때문이에요."

그는 철탑 위 두 노동자와 이곳 농성장 마당에 있는 노동자들의 식사를 책임지고 있다. 어림잡아 하루에 20~30인분의 식사를 끼니마다 만들어내고 있다. 하루 세 끼 식사 준비를 하려면 잠시도 쉴 틈이 없을 테지만, 그는 그래도 인공 조미료를 쓰지 않고 직접 만든 양념으로 요리한다. 고기를 잴 양념에 넣을 과일을 가느라 주방 한쪽에서는 믹서가 분주하게 돌아간다. 한 끼를 준비하면서도 다음 식사 때 내놓을 반찬을 미리 만들어 통에 담아 한쪽에 정리해 두는 그의 손길이 예사롭지 않다.

"요리를 좋아해요. 어릴 때도 집에서 음식을 직접 만들어 먹었어요. 김치국밥 같은 것도 만들어 먹고, 토마토도 갈아서 먹고, 음식이라는 게 처음엔 힘들지만 하다보면 쉬워져요."

어려서부터 요리를 좋아한 탓에 그는 한때 중국집 주방 일을 했다. 중국집 주방 일을 그만두고 찾은 일자리가 현대자동차 사내하청 공장이었다. 20대 중반에 들어온 공장을 10년도 훨씬 넘게 다녔다. 해고된 지는 2년이 넘었다. 철탑농성이 시작된 이후로는 줄곧 주방에서 요리를 했다. 호박과 당근 위로 그의 빠른 칼질이 지나가면 추수 뒤의 볏단처럼 가지런한 호박과 당근이 채가 되어 도마 한편에 정돈되어있다. 그는 주방에서 칼질을 하면서 성급했던 마음도 오히려 차분해졌다고 한다.

"내가 성격이 급해요. 근데 요리를 하다 보면 빨리빨리 하는 것보다 여유를 갖고 하는 것이 중요해요. 음식을 급하게 하면 맛이 없고 실패하거든요. 요리를 하다 보니 성급함이 없어지고 오히려 과정을 즐기게 됐어요."

3월이 시작되었다고는 하지만 바닷바람이 정면으로 불어오는 철탑은 아직 겨울 기운이 완연하다. 찬바람에 잦은 감기를 앓다보면 몸의 면역력도 점점 떨어진다. 박두원이 자연에서 얻은 신선한 재료를 쓰는 것 외에 철탑 위의 두 사람과 철탑 아래의 사람들을 위해 각별히 신경 쓰고 있는 것이 끓인 물을 먹이는 일이다. 생수라 하더라도 그냥 먹는 것보다 끓여 먹는 것이 면역력이 약한 사람들에게는 더 좋을 것 같아서라고 한다.

반팔을 입고 물청소 하는 그에게 겨우내 주방에서 요리하느라 춥지 않느냐고 다시 물어 본다. 아주 추웠지만 철탑 위에 있는 사람들을 생각하며 견뎠다는 대답이 돌아온다. 몸에 열이 많아 반팔을 입는다고 하더니만 그가 겨우내 반팔을 입고 있었던 이유가 꼭 몸이 더워서만은 아니었나 보다.

200일이 지나 300일이 되어도 이 착한 조합원들이 저항을 멈추지 않는 한 제가 먼저 포기할 수는 없습니다. 어떻게든 우리는 함께 가야 할 운명이기 때문입니다. 정몽구 회장의 결단을 촉구합니다. -'철탑에서 온 편지'[5]

2013년 5월 4일. 현대자동차 비정규직 노동자들이 철탑에 올라간 지 200일이 되는 날이다. 길어도 한 달이면 내려올 줄 알았는데 세월에도 굳은살이 박히는지 새털처럼 많은 날들이 무감하게 가슴에 내려 쌓인다.

200일을 맞아 철탑 아래 마당에서는 문화제가 열리고 있다. '연리'라는 이름을 가진 행사이다. 다른 뿌리에서 자라난 두 그루의 나무가 오랜 시간 맞닿아 지내면서 서로 하나의 나무처럼 합쳐지는 것을 연리나무라고 한다. 연리문화제는 연리나무처럼 서로의 마음과 삶이 닿길 바라는 기원제이기도 하다. 사람의 마음을 얻는다는 것이, 내 마음이 그에게 온전히 받아들여진다는 것이 얼마나 힘든 일인가. 두 몸을 맞대고 앙증맞게 잎을 피워 올리고 있는 연리나무 그림이 안타깝게

----
5) 최병승, "여기, 하늘 위 2평에… 아직 사람이 있음을…", 한겨레, 2013.5.2.

다가오는 날이었다.

송전탑 위에는 붉은 천막이 있다. 마당 아래를 내려다보는 두 사람. 최병승, 천의봉. 여기 하늘 위에 사람이 있음을 기억해 달라던 그들. 포기하지 않는 힘을 달라고 돌아가신 할머니, 할아버지께 기도를 한다는 최병승의 글을 읽으며 나는 굳은살이 걷히고 마음이 아려왔다. 어린아이 같고, 소년 같고, 그저 푸르른 나무처럼 잎을 피워 올리는, 있는 그대로의 생명으로 살아갈 수 있도록 나도 산천에다가, 막막한 허공에다가 기도하고픈 날이다.

철탑 위 두 노동자들이 '함께 가야 할 운명'이라 했던 현대차 비정규직지회 노동자들은 이 날 서울 양재동 현대·기아차 본사 앞에서 불법파견을 행한 정몽구 회장을 구속하라며 집회를 하고 있었다. 그들 역시 양재동 앞에 세운 농성 천막을 다 빼앗겨버리고 여러 날을 서울의 길 위에서 살아가고 있는 중이다. 길 위에서 이어지는 소식들이 철탑 위 노동자들의 손에 쥔 스마트폰으로도 속속 전해 오고 있다. 경찰들의 방해 속에서도 서울 현대차 본사 앞 집회를 사수했다는 소식을 스마트폰을 통해 듣고 환호하는 울산 철탑의 목소리들. 그 목소리가 다시 서울로 전해진다. 소식으로 이어진 여러 개의 스마트폰이 꼭 한 곳에 뿌리를 둔 연리나무들 같다.

마당 한쪽에는 나무를 조각해 만든 작품들이 있다. 현대자동차 정규직 노동자인 김대식이 목판에 그림이나 글씨를 새긴 작품을 만들어 팔고 있다. 재료비에다 그의 노동력을 최저시급으로 계산한 것이 작품의 판매가격이다. 그러니까 그는 자신의 노동을 투쟁기금으로 기부하는 셈이다. 얼추 계산해도 그가 이 한 작품을 만들기 위해 최소한 반나절 이상 공을 들인 것이 분명하다. 그는 여러 해 동안 이 일을 해온 장인은 아니다. 연리문화제에 내다 팔기 위해 시작한 일이라고 한다. 짧은 시간에 어떻게 이렇게 빼어난 작품을 만들 수 있느냐는 내 질문에 그는 모든 인간에게는 무엇이든 만들어낼 수 있는 노동자의 재능이 숨어 있다고 답한다.

현대차 정규직 노동자로 살면서 비정규직 노동자들에게 미안한 마음이 들지 않느냐는 나의 물음에 그는 '전혀 미안하지 않다'고 했다. 미안한 마음이 왜 드느냐고, 마음에 부담이 있으면 나와서 함께 투쟁하면 되지 않느냐고, 자신들의 완전한 고용을 위해 비정규직 노동자들을 방패막이로 삼은 정규직 노동자들의 과오는 바로잡아야 하겠지만 그것은 개인적 미안함과는 다르다는 그의 말을 들으며 나는 잠시 내 마음을 들여다본다. 나 또한 순간순간 외면하고 밟고 온 아픔들이 있을 것이다. 잘 떠오르지 않는다는 것은 없다는 것이 아니다. 너무 당연시해서 무뎌져 버린 감성들. 장애인, 아이들, 먼 이방에서 온 노동자들, 폐휴지를 줍던 할머니들……. 비정규직 노동자의 또 다른 얼굴이다.

민주노총 울산본부장인 강성신이 조각해온 솟대가 어둠 속에 흔들리고 있다. 화줏머리에 앉은 수십 마리의 새들이 날아가지 못한 채 여전히 흔들리고 있다. 길게 다듬어 놓은 부리가 어둠 속에서 빛난다. 솟대 위의 새들은 날지 않아도 이미 날아가는 새다. 그것은 아픔을 씻기 위한 염원이며, 오지 않은 날들에 대한 희망이기 때문이다. 철탑 아래에도 긴 솟대 하나 솟아 있다. 철탑 위에서 새들이 날고 있다.

형사처벌 대상자 500여 명. 이 가운데 40여 명은 체포영장이 발부(현재 2명 수배 중)되고 20명은 구속, 5억여 원의 벌금 폭탄에 손해배상 청구액 179억 원. 분신 2명, 자결 1명 그리고 두 차례 철탑 고공농성, 1,000여 명 징계와 161명 징계해고…….

2003년 5월 2일 현대차비정규직투쟁위원회를 결성하고, 25일 현재 철탑농성 160일, 8개월째 파업을 지속하고 있는 현대차비정규직지회의 투쟁 기록이다. -'철탑에서 온 편지'[6]

----
6) 최병승, 매일노동뉴스, 2013.3.26.

7월 15일. 1차 희망버스 결집을 5일 앞둔 날. 경기도에서부터 출발해 울산으로 내려오려던 희망버스 도보순례단의 발걸음이 급하게 충남 아산으로 향했다. 현대자동차 비정규직 아산지회 박정식 사무장이 스스로 목을 맸다는 비보가 날아들었기 때문이다. 철탑 마당에는 "또?"라는 탄식과 함께 안개처럼 고요히 한숨만이 가라앉았다.

울산 현대자동차 공장 안에 분향소가 차려졌다. 전국 집회를 다니며 박정식 사무장을 만난 세월이 두터웠던 탓인지 그의 영정사진 앞에 흰 국화를 올리는 동안 오래된 문을 닫는 듯한 무겁고 거친 울음소리가 여기저기서 들려온다.

"총파업 때리라, 이런 기분으로 우째 일하겠노?"

2조 출근 시간이 가까워 오자 어디선가 울분 섞인 목소리가 들려왔다.

수년간 해고 생활하다가 힘들고 외로워 죽고 싶은 적이 어디 한두 번이었을까. 그래도 그럴 때마다 술 한잔 하며 옆에 있어줘서 다들 견뎌왔는데 그렇게 한 세월을 보내던 친구가 가버렸다. 유난히 막걸리를 좋아했던 친구 박정식을 그리며 그 누군가는 평소에는 마시지 않던 막걸리를 취하도록 마시겠다고 한다. 내 친구 정식이가 좋아하던 막걸리라도 실컷 마시고 취하고 싶다던 노동자. 그러나 취하도록 마실 자유도 없는 게 비정규직 노동자의 삶이다. 자정 무렵 현대자동차 공장 안 분향소가 철거되었다는 소식이 들려왔다. 농성장 주변에 남아있던 한 노동자가 걷잡을 수 없이 화를 낸다. 당장이라도 공장으로 달려갈 듯한 그의 기세를 주변 사람들이 달래고 누른다.

"기혁이나 정식이나 다 마음이 여려서 그런 기라."

분향소가 철거되고 공장 밖으로 나온 노동자들이 철탑 아래 농성 천막으로 왔다. 쉰이 다 된 해고노동자는 막내 동생 같은 노동자들의 죽음이 안타깝다. 이런 날이면 또 누군가 흔들려 독한 마음을 먹지는 않을까 걱정이 되는지 7년 전 울산 비정규직지회 사무실 옥상에서 목을 맨 노동자 류기혁까지 나란히 불러와 박정식의 이름 옆에 앉힌다. 마음이란 무엇일까. 떨리는 손끝 하나에도 담겨 있는 것이 마음이란 건데 먼저 세상을 떠나버린 그들의 마음은 어째서 그토록 여렸던 걸까. 밥 먹을 때, 일어날 때, 맑은 날 오후에 공장 밖에서 공장 안을 바라볼 때, 거리엔 개미 새끼 한 마리 없고 홀로 공장 문 밖에 남겨진 듯한 생각이 들 때, 정규직으로 채용하라는 판결까지 받고도 끄떡도 않는 자본가 정몽구를 어쩌지 못할 때, 그러고도 세상은 아무 일 없다는 듯 컨베이어 라인 돌 듯 그렇게 돌아갈 때, 체하듯 마음이 그만 한순간에 약해져 버린 걸까. 상처 입은 마음이 어디쯤에서 그토록 약해져 버린 걸까.

"나는 두 번 다시는 그런 선택 하지 않을 거예요. 우리 모두 동지들이 옆에 있기 때문에 살아갈 수 있는 거고, 혼자서는 살 수 없기에……. 사람에게 상처받기도 하지만 위로받는 것도 사람 때문이에요. 정식이가 옆에서 참 날 힐링해주던 친구였는데 내가 옆에서 잘해주지 못한 게 미안해요."

지금 알고 있는 이 친구들을 3년 전에도 알았더라면 그때 극단적인 선택을 하지는 않았을 거라고 말하는 사람, 황인화. 그는 3년 전 현대차 비정규직 노동자들의 파업기간 중 "노동자는 하나다"를 외치며 몸에 불을 붙였다. '비'자 하나 더 붙었을 뿐인데 왜 이토록 다른 삶을 살아야 하느냐며 병상에서 말하던 그의 인터뷰 영상은 아직도 기억에 생생하다.

그는 지금 공장으로 돌아와 일을 하고 있다. 지난해까지 늘 얼굴을 가리던 마스크와 수건을 벗은 그의 얼굴은 요즘 자주 웃음을 머금고 있다. 분신 이후 일본에 있는 노동단체의 초청으로 일본의 비정규직 노동자들을 만난 적이 있다. 지금은 여자친구가 된 카오리도 그때 만났다. 제 몸과 마음도 추스르기 어려울 때였지만 카오리의 아픔 또한 황인화가 보듬고 가야 할 운명이었다. 그 큰 책임감이 서로를 치유한 걸까. 요즘 황인화와 카오리의 표정은 밝다. 서로의 말이 아직은 낯설지만 표정과 감정은 언어에 갇히지 않는다. 하지만 황인화는 아직도 자신의 여자친구인 카오리가 해고 이후 얼마나 아팠고 또 무엇이 가장 아팠는지 그 고통을 생생하게 듣지 못했다. 카오리와 의사소통의 길이 조금씩 더 열릴수록 황인화가 가장 알고 싶은 것, 그것은 카오리의 아픔이다. 황인화는 아픔이 사람을 병들게 하고 심지어 죽음에 이르는 선택을 하게 한다는 걸 온몸으로 겪은 사람이다. 그래서 그의 사랑이 머무는 곳도 카오리의 아픔, 그 중심이다.

박정식이 세상을 떠나 버린 날의 자정을 넘긴 새벽. 분향소가 철거되고 농성장으로 온 황인화에게 지금 마음이 어떠냐고 물어본다. 그는 그냥 고개를 저을 뿐이다. 지금, 지금 이 순간만은 아무 말도 하고 싶지 않다고 한다. 3년 전, 그 스스로도 목숨을 끊으려고 했던 기억이 있기에 지금은 아무 말도 하고 싶지가 않다고만 한다. 단지 그때 스스로 몸에 불을 붙일 때는 나 하나 사라져 모두가 잘될 수 있다면 하는 생각뿐이었지만, 지금은 옆에서 날 위해 웃고 울어주는 친구가 있다는 게 더 큰 위로가 된다는 걸 알게 되었다고 한다. 그는 살아남았고 또 한 친구는 세상을 떠나버렸다. 떠난 친구에게 살아갈 힘이 되지 못했던 이 죄책감은 또 누구의 가슴을 누를까. 이제 그만 미안해하자는 그 누군가의 절규가 해처럼 떠오르는 새벽이다.

지난해 9월 불법파견 투쟁에 열심히 참여하던 2공장 조합원이 목을 맸다. 올해 4월에는 촉탁계약직 노동자가 일방적인 계약해지를 당한 뒤 스스로 목숨을 끊었다. 그리고 이달 15일 현대차아산사내하청지회 박정식 사무장이 '꿈과 희망'을 포기한 채 자결했다. 현대차가 불법파견을 인정하고 상식적인 교섭을 진행했다면 죽음을 선택한 3명의 노동자는 삶을 포기하지 않았을 것이다. -'철탑에서 온 편지'[7]

2013년 8월의 마지막 날. 영원히 끝나지 않을 것 같던 더위도 물러갔다. 세월 앞에 장사가 없다지만 세월이 갈수록 여전히 아픔만 깊어지는 사람들이 있다. 고

----
7) 최병승, 매일노동뉴스, 2013.7.29.

통 또한 삶의 일부라고 받아들이며 살아야 한다지만 받아들이면 그대로 타들어가 죽어버릴 것만 같은 고통. 그 고통을 안은 어머니가 무대 위로 올라간다.

서른다섯 살의 아들을 50일째 병원 냉동고에 묻고 온 어머니가 무대 위에 서 있다. 지난 7월 15일 세상을 떠난 현대차 아산공장 노동자 박정식의 어머니다. 어머니의 몸 뒤로는 'HYUNDAI'라고 불 밝힌 간판이 하늘 한복판에 떠있다.

"우리 정식이⋯⋯. 우리 아들, 한참 일하고 재밌게 살아야 할 나이에 한 많게 죽었습니다. 우리 아들이 죽고 얼마 후 학교 비정규직 노동자가 또 죽었습니다. 정규직이 될 꿈을 꾼 사람들⋯⋯. 그런데 왜 안 됩니까? 우리 정식이 같은 아이들이 왜 정규직이 안 됩니까? 정몽구는 정식이 앞에 사과해야 합니다. 정몽구는 인간이 아닙니다. 돈의 노예입니다."

아들의 장례조차 치르지 못하고 50일째 아들을 냉동고에 묻어둔 어머니. 그 어머니의 마른 목소리가, 꼿꼿한 걸음걸이가 내게는 오히려 위태롭게 다가왔다. 슬퍼할 시간조차 사치라고 느낀 걸까. 서둘러 어머니 곁을 떠난 아들. 어머닌 떠난 아들이 못다 한 말을 대신 해야 한다는 책임감을 느낀다고 한다. 무대에서 내려와 아산지회가 마련한 천연세제 판매대 옆에 앉은 어머닌 눈물조차 바싹 말라 있었다.

"힘들어도 아들의 뜻을 이어야 하니까. 아들이 못 다한 일을 해야 하니까⋯⋯."

어머니는 힘내라는 주변의 말에 그저 두 주먹을 꼭 쥐고 앉아 있다. 지금은 아들이 못 다한 말을 해야 할 때라고만 하신다.

"형제인데⋯⋯ 우리 정식이가 장남인데⋯⋯. 현대에 취직했다 해서 그런 줄만 알았는데⋯⋯."

아들을 품듯 손톱 끝을 손바닥 안으로 끌어당겨 꼭 쥐고 두 입술 끝을 꽉 다물고 어머니는 그저 큰 눈만 끔벅이며 허공을 바라본다. 아들의 영혼은 지금 어디쯤 있을까. 이곳에, 전국의 비정규직 노동자들이 모인 울산 현대자동차 공장 앞에 지금 와 있는가. 서울 집회서 만나면 술 한잔 나누곤 했다던 현대차 비정규직 울산 친구들 사이에 앉아 있는가. 아니면 단단한 어머니의 무릎 위에 애기처럼 올라와 있는가. 어머닌 끝끝내 단 한 방울의 눈물도 흘리지 않았다.

조직된 노동자가 현실적 이유로 연대에 소극적이라면, 비정규직 철폐를 염원하는 많은 시민과 노동자가 희망버스로, 적극적인 재정지원 등 자발적 연대로 현대차비정규직의 투쟁을 방어해야 한다. 또다시 소 잃고 외양간을 고칠 수는 없다. 아니 내 자식에게 영구적인 비정규직을 물려줄 수 없다. -'철탑에서 온 편지'[8]

언젠가 철탑 마당에서 만났던 사람. 퇴근하면 철탑 아래 마당으로 오는 일이 마땅히 자신이 해야 할 일이라고 말하던 노동자를 2013년 8월의 마지막 날에 현대자동차 공장 앞에서 다시 만났다. 먼저 말을 걸어오는 일은 드물지만 막상 말을 나누기 시작하면 실을 뽑아내듯 긴 이야기를 오래도록 하던 사람. 그는 비정규직 노동자로 살아온 자신의 삶이 '옷을 만드는 일'과 같다고 했다. 누군가는 천을 짜고 누군가는 바느질을 하는 일. 자신이 맡은 일은 그 옷을 만드는 공정 중 하나 정도가 아니겠냐며, 지금보다 더 시달림을 당한다 해도 공장 안에서 할 말은 하고, 퇴근하면 곧장 철탑으로 와서 자리를 지키는 일이 자신이 맡은 공정이라고 했다. 철탑 위의 두 노동자들은 지금쯤 함께 만든 옷을 입었을까? 아니면 아직도 소매 끝단을 단단히 여미고 있거나 아니면 추위를 막기 위해 누빈 천으로 단단히 옷 속을 덧대고 있을까?

"그냥 죽, 그 연장선상에 있어요. 살아야 하니까, 희생 그 자체는 무의미 하니까, 누구라도 죽지 않아야 하니까. 사람이 살아가는 그 자체가 최고의 가치예요.

----

8) 최병승, 매일노동뉴스, 2013.3.26.

철탑 투쟁에 대한 평가는 다 다르겠지만 내 입장에서는 내려오길 잘 했다고 생각해요. 올라간 분들이 희생하고 누군가가 정규직이 된다면 그게 무슨 의미가 있겠어요? 누굴 위해서 살아가는 건 아니잖아요. 산다는 건 그런 게 아녜요. 위에 더 오래 있으면 분명 어떤 일이 일어나게 되어 있어요. 건강도 점점 더 악화되게 되고, 그러다 보면 또……."

그는 살아있다는 그 자체가 하나의 완성된 옷이라고 한다. 살면서, 살아가면서 다시 수선하고 새롭게 만들 수 있는 옷. 그러나 그 누군가의 희생으로 만든 옷은 입을 수 없다. 늘 그렇듯 살아있다면 그 길 위에서 다시 시작하면 될 뿐이라고 그는 말한다.

나는 그에게 신규채용 문제에 대해 물어본 적이 있다. 현대자동차는 불법파견 판결에 따라 비정규직 노동자들을 모두 정규직으로 전환하는 게 아니라 신규채용 때 선별해서 뽑겠다고 했고 이것은 비정규직 노동자들의 반발을 불러왔다. 그는 이 문제는 투쟁에 찬물을 끼얹은 일이라며 그 이후 힘이 많이 빠진다고 했다. 비정규직지회에서 열심히 활동하는 조합원들이 회사의 신규채용에 응할 리도 없지만 그렇다고 주변에서 일하던 비정규직 노동자들이 정규직으로 채용되어서 공장으로 출근하는 것을 보는 일도 절대 마음 편한 일이 아니다. 그는 회사가 하는 일은 도무지 사람의 마음으로 하는 일이 아니라는 생각이 든다고 했다. 너무 치졸해서 분노가 생길 뿐이라고 한다. 그는 정규직 전환 투쟁을 통해서 정규직 노동자가 되는 길만이 자신의 길이라고 했다. 쉬운 길로 가고 싶은 생각이 들 때도 있지 않겠느냐는 나의 물음에 그는 그런 생각을 해본 일이 없다고 한다.

자정이 다 되어가는 시간. 그는 이 투쟁은 자신의 신념이라고만 말한다.

현대자동차 불법파견 일지 ‖‖

2004. 12　노동부, 현대자동차 아산·울산·전주 공장 전 하청업체(127개 업체)와 전 공정(9234개
　　　　　공정) 불법파견 판정

2005. 2　불법파견 시정을 요구하는 비정규직 노동자 108명 해고

2010. 7. 22　대법원 "현대자동차 사내하청 노동자는 불법파견" 판결

2010. 11. 15~12. 9　비정규직노조 현대차 울산1공장 점거농성

2010　대법원 판결 이행을 요구하는 비정규직 노동자 200여 명 해고

2012. 2. 23　대법원 "현대자동차 사내하청 노동자는 불법파견" 확정 판결

2012. 5. 2　중앙노동위원회 "현대자동차 취업규칙과 단체협약 절차 무시한 해고는
　　　　　부당해고" 판정

2012. 7　사측, 사내하청을 기간제(촉탁계약직)로 변경하려는 동시에, 생산직 신규채용 246명 중
　　　　　사내하청 196명 채용

2012. 8. 16　사측, 2015년까지 사내하청 근로자 3,000명 신규채용 제안. 비정규직노조 반발
　　　　　(신규채용이 아닌 법이 정한 정규직 전환 요구)

2012. 10. 17　최병승, 천의봉 울산공장 명촌정문 주차장 송전철탑에서 '현대차의 불법파견 인
　　　　　정, 모든 비정규직의 정규직화' 요구하며 철탑농성 돌입

2012. 11. 8　'비정규직 문제 해결 위한 노사 대화' 열었으나 기존 입장 되풀이(사측-신규채용, 노
　　　　　조-정규직 전환)

2012. 12. 13　사측, 2016년 상반기까지 3,500명의 사내하청 근로자를 정규직 신규채용 제안.
　　　　　비정규직노조 '기존 안과 다를 바 없다' 제안 거부(사측, 사내 비정규직 근로자 등을
　　　　　대상으로 정규직 신규채용 공고)

2012. 12. 27　울산지방법원, 한국전력공사가 제기한 퇴거단행 및 출입금지 가처분 신청과
　　　　　현대차가 제기한 불법집회금지 및 업무방해 등 가처분 신청 수용. 울산지법 '현
　　　　　대차 송전탑 농성중단 안 하면 농성자 1인당 하루 30만원'

2013. 1. 10   현대차 신규채용에 5,394명 지원. 사내하청 근로자의 80% 지원.

2013. 1. 18   울산지법, 현대차 천막 농성장 강제철거 및 송전철탑 농성자 강제퇴거 명령

2013. 1. 23   사측, 2차 신규채용 공고

2013. 2. 7   사측, 1차 신규채용 결과로 600명 최종 채용 발표. 비정규직노조 사측에
              단체교섭 재개 요청(사측, 비정규직노조의 단체교섭 재개 요청 거부)

2013. 3. 18   사측, 사내하청 해고자 114명 재입사 추진

2013. 4. 14   현대차 울산공장 촉탁계약직 자살

2013. 6. 13   비정규직 특별교섭 재개, 입장차만 확인

2013. 7. 20   현대차 희망버스 철탑농성장 방문

2013. 8. 7   철탑농성 해제

2014. 4   비정규직 특별교섭 재개

7

우리가 끝까지 싸우는 이유

·

코오롱 이야기

만화 박해성

한국예술종합학교 영상원 애니메이션과를 졸업했다. 결혼하지 못하는 가난한 연인의 이야기, 불안정한 생활을 견디며 투쟁하는 노동자들의 이야기를 그렸다. 함께 지은 책으로 《여기 사람이 있다》, 《사람 사는 이야기 1,2》가 있다.

르포 연정

노동자의 삶과 투쟁을 기록하고 있다. 함께 쓴 책으로 르포집 《부서진 미래》, 《우리의 소박한 꿈을 응원해줘》, 《여기 사람이 있다》 등이 있다. 민중언론 〈참세상〉에 '연정의 바보 같은 사랑'을 연재 중이다.

10 년

'코오롱정리해고분쇄투쟁위원회' 이야기

글 · 그림 박해성

2004년 10월

회사는 경영상의 이유로
구조조정이 필요하다며,
300여 명 인원 조정
계획을 준비했다.

참말이가?

박 선배가 술자리서 정리해고
대상이라 들었다 카데. 희망퇴직
이라도 해야 퇴직금도 받고, 비정규직
라인이라도 다시 들어온다 안 하나.

해고될 바엔 그게 낫제.
우리 반에서는 누가
나갈 거 같은데?

아무래도 김 선배 아니겠나?
아들도 다 컸고… 고향에
땅도 있다 카던데…

말씀이 지나치십니다.
솔직히 누가
나가고 싶습니까?

같이 일할 땐 선배님
후배님 하더만
이제 와서 무슨
말씀이세요?

치만아… 니 말이 맞는데…
조합원이 1,400명쯤 되는데
300명 나가라 카면 누가
나갈지 모르는 기다. 차라리
사정이 좀 나은 사람이
알아서 나가는 게
안 낫겠나?

니는 아닐 거야.
일 잘한다고
모범상 안 받았나?

정리해고를 못 하게
해야죠! 서로 눈치만 보는 게
회사가 원하는 거 아닙니까?

니 말이 맞는데… 우리가
힘이 없지 않나. 64일
파업에도 꿈쩍 안 하는데
무슨 수로 이기노?

정 싸우고 싶으면
저기 일배한테 가서
함 물어봐라.

조합원
최일배
입니다.

정리해고
막아야 합니다.
읽어주세요.

2005년 2월

430여 명의 노동자가
희망퇴직을 신청한다.
그러나 회사는
정리해고는 하지 않겠다던
노조와의 합의를 깨고,
78명을 정리해고한다.
최일배와 성치만도
그중 한 명이었다.

2005년 6월 29일

노래방에서 못 논다고 정리해고 웬 말이냐!

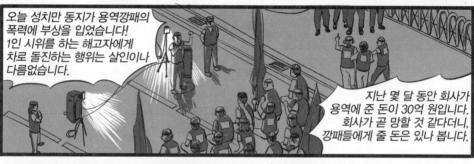

오늘 성치만 동지가 용역깡패의 폭력에 부상을 입었습니다! 1인 시위를 하는 해고자에게 차로 돌진하는 행위는 살인이나 다름없습니다.

지난 몇 달 동안 회사가 용역에 준 돈이 30억 원입니다. 회사가 곧 망할 것 같다더니, 깡패들에게 줄 돈은 있나 봅니다.

모레부터 10대 임원선거입니다! 저 최일배는 코오롱 노조 조합원으로서, 해고노동자로서 위원장에 출마합니다!

분쟁 끝! 화합 시작!

홍열

제가 당선되기는 어려울 겁니다! 사측이 미는 어용 위원장이 있습니다!

동지들은 말실수를 할까봐 술도 못 마신다고 합니다. 회식자리에서는 관리자에게 두 손으로 술을 받는다고 합니다.

저는 용역깡패들로 둘러싸인 공장 안에서 말 한마디 마음대로 못하는 동지들에게

공장 바깥에서 이렇게 싸우는 우리 정투위 동지들이 있다고 알릴 것입니다!

공장 안 동지들과 공장 밖 우리의 마음이 뭉친다면 코오롱 자본도 결국 항복할 것입니다.

그날이 머지 않았습니다! 투쟁!

2005년 7월 21일

코오롱 노동조합 제10대 임원선거 결과발표. 기호 1번 김홍열 후보 430표,

기호 2번 최일배 후보 454표. 조합원 투표의 과반수이상 득표로, 최일배 후보 당선!

그러나 사측은 선거가 무효라고 주장하며
해고자인 노조 임원을 인정하지 않고, 노조 집행부와 일체의 대화를 거부한다.
해고자인 노조 임원들은 경비에게 막혀 공장을 출입할 수 없었다.

2006년 3월 12일 코오롱 공장 안 고압송전탑

3월인데 와 이리 춥노.

우리 여기 올라온 지 얼마나 됐지?

일주일 이요.

3일이면 내려간다 안 했나?

처음엔 그랬는데, 회사가 우리한테 대화를 하자고 해야 내려가지…

그래도 우리가 여기 올라와서 위원장이 단식 풀었다 아이가.

단식은 풀었는데 이제 우리 내려오게 한다꼬 더 큰 투쟁을 준비한다네요. 합법 불법 안 가릴 거라고…

솔직히 합법으로 할 수 있는 일은 다 해봤다. 깡패 새끼들한테 그 수모를 겪어가며… 오죽하면 노조사무실에 참을 인(忍)자 걸어놨겠나.

근데 지금 와 생각하면 회사는 아예 노조를 인정할 생각이 없었던 거잖아. 처음부터 세게 나갔으면 좀 나았을까?

그럴지도 모르지. 근데 지금 와서 그래봤자 어쩔 수 없고…

위원장이 앞으로 어떻게 더 싸울까요?

잘 모르겠는데, 다치지만 않았으면 좋겠다.

집회할 시간이네, 슬슬 일어납시다.

사랑한다! 동지야! 끝까지 투쟁하자!

탄압주범

2006년 3월 17일
과천 코오롱 본사

경찰

POLICE

그만해!

그만하라고!

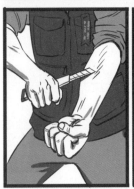

우리가 깡패야? 손에
뭐 하나 든 거 있어?

노조위원장이 사장을 만나자는데
왜 이렇게까지 해야 되는데!!

왜 이래야 하나!!

재계 순위
10위 진입!

경찰병력이 철수했고, 농성자들도 자진 해산했다.
최일배 위원장은 위원장 당선 180일 만에
회사 임원진과 면담을 했다.
그러나 회사는 최일배 위원장을
해고자 중 한 사람으로 치부하며
노조를 인정할 수 없다는 주장을 되풀이했다.

2006년 4월 2일(송전탑 농성 28일째)

만수야, 자나?

잠이 안 온다.

감기는 좀 낫나?

감기보다 내일
중노위 심판 걱정에
잠이 안 오네.

위원장은 잘 있을까?

모레 서울구치소로 옮긴다
카데. 푹 쉬다 나오면 좋겠다.

위원장이 웅렬이
집에서 동맥을 칼로
그었다니 믿기지 않데.
진짜 죽으려 한 거가?

죽으라카다니?
면담하자는데
경찰이 끌어내니 확
그어버린 거지.

그럼 주머니에
유서는 뭔데?

…

난 무섭다.
누가 죽어야
끝나나 하고…

그런 말 마라,
공장 돌아가야지
무슨 소리고?

어떡하면
살아서 공장에
돌아가는데?

그래도 그런 말
하지 마라.

우리 굶자.
만수야.

괜찮겠나?

우리가 죽을 수도
있다 해야 쟈들이 우리
말을 들을까 싶다.

몸은 괜안나?
전류 때문에
머리가 울리고
몸이 퉁퉁 붓는데.

참아야지.

… 알았다.

4월 4일,
세 명은 단식을 시작했다.
철탑 밑에서 농성장을 지키던
동지들도 함께 단식했다.

4월 6일, 회사가 교섭을 제안했고,
농성자들은 철탑농성을 해제했다.

4월 11일, 중노위 구제신청이
기각되었다. 해고자들은
법적 조합원 지위를 박탈당했다.

2006년 7월

안녕하십니까, 동지 여러분. 코오롱 정투위 정원철, 투쟁으로 인사드리겠습니다. 투쟁!

더운 날 투쟁하시기 힘드신데, 제가 신나는 노래 준비했습니다. 여러분 '땡벌' 아시죠? 함께 해주세요.

아~ 당신은 못 믿을 사람~ 아~ 당신은 야속한 사람~

아무리 달래 봐도 대화할 줄 모르는~

똥고집 하나는 대단한 사람~

어제는 용역깡패 오늘은 폭력경찰~

이제 그만 마음을 열고 대화를 해요~

난 이제 화났어요 웅렬~ 기다림에 화났어요 웅렬~

당신은 못 말리는 웅렬~ 당신은 날 울리는 웅렬~

정리해고 분쇄하고 민주노조 지키세~

2007년 4월 11일, 12일

양일에 걸쳐 코오롱 구미공장에서
코오롱 50주년 행사가 열린다.
코오롱 정투위는 마지막 기회라고
생각하며 코오롱 50주년 행사를
저지하기 위한 투쟁을 기획한다.

그러나 연대 인원이 저조하여
50주년 행사를 막지는 못했다.

코오롱 50주년 행사 저지투쟁이 끝나고 정투위 전체 수련회가 열렸다.

돌아가며 얘기하는 겁니다. 한 사람도 빠지지 말구요.

800일 동안 우리가 안 해본 건 죽는 것 밖에 없어요.

우리 중에 죽을 사람이 없으면 투쟁도 그만해야 하는 기라.

애들은 커가는데… 학원도 못 보내고…

희망이 있어야 투쟁도 하죠. 지금은 복직될 희망이 거의 없다고 봅니다.

투쟁이란 게, 당장 눈에 보이는 성과가 없어도 장기전으로 가면 어떤 계기가 마련되기도 하고…

솔직히 돈 문제만 아니면 계속하고 싶은데… 지난 2년 돈을 못 버니께 집안꼴이 말이 아니다.

무슨 말을 해야 할지 모르겠네요.

그동안 어떻게 싸웠는데, 그만두긴 좀 그렇다. 결과가 있어야지.

우리가 투쟁하는 동안 정리해고가 한 명도 없었잖아요? 이 싸움이 의미 없지는 않다고 봅니다.

이대로는 억울하고 분해서 못 그만 둬요.

그럼 투쟁은 계속하되, 투쟁팀과 생계팀을 나누죠. 전체회의는 매달 한 번씩 하고,

생계팀은 매월 투쟁기금을 20만 원씩 내는 걸로 합시다. 괜찮겠지요?

좋습니다.

그렇게 하죠.

40명의 동지들 중 투쟁팀에는 10명이 남았고 나머지 동지들은 생계활동을 시작했다.

안녕하세요. 저희 땅땅치킨을 찾아주신 여러분 감사합니다.

작은 공연 하나 준비했는데, 들어주시면 감사하겠습니다. 곡명은 '옆을 쳐다봐'입니다.

세상 모든 것들 눈앞에선 아름답죠~ 모두 그렇지는 않다는 걸 알면서도~

나완 상관없어 비켜가고 안 보면 그만이야 하는 세상~

추운 나라에 우린 살고 있죠~

앞만 보면 안 보이잖아~ 너와 날 필요로 하는 사람~

우리 가던 길 잠시 서서 옆을 쳐다봐~

나는 아니라고~ 마음만은 있었다고~ 그저 하루하루 살아가기 바쁘다고~

말은 너무 쉬워~ 뒤돌아서 잊으면 그만이야 하는 세상~

아픈 나라에 우린 살고 있죠~

앞만 보면 안 보이잖아~ 너와 날 필요로 하는 사람~

우리 가던 길 잠시 서서 옆을 쳐다봐~ 가난에 우는 내 형제들~

병들어 쓰러진 내 아이들~ 이제 뜨거운 가슴 모아 사랑을 느껴봐~

2008년 3월, 투쟁팀의 일과는 아침 8시 출근 선전전으로 시작된다.

78명의 노동자들을 길바닥으로 내몰고 4년 동안 나몰라라 하는 코오롱은…

사회적 타살인 정리해고제는 반드시 철폐되어야 합니다.

낮 12시, 구미시청 앞 상수도민영화반대집회

돈 없으면 수돗물도 못 쓰는 시대가 옵니다. 상수도민영화 사업에 가장 먼저 진출하려고 준비하는 기업이 코오롱입니다!

오후 2시, 1차 퇴근 선전전

고생 많으십니다. 덕분에 저희가 무사히 공장을 다니는 거 같아요.

고맙습니다.

오후 6시, 2차 퇴근 선전전

어서 투쟁을 끝내야 하는데… 어떻게 도움이 되어야 할지…

하하, 네…

아빠, 선생님이 아빠 직업을 적어 오라고 하셔.

그래?

이래 쓰면 되나?

투쟁하는 노동자

이게 뭐하는 일이야?

그냥 무직이라고 적어!

그냥 노동자라고 적어야겠다…

새벽 4시, 경부고속도로

과천 코오롱 본사 출근 투쟁을 위해 상경 중인 투쟁팀 차량

휘청

에고… 다친 데 없어요?

졸지 좀 마소, 이러다 다 죽어요.

큰일 날 뻔 했다, 참말로…

2010년 4월

아내는 좀 어때요?

여전하죠. 하루도 못 쉬고 매일 아침 10시에 나가서 밤 10시에 들어오는데…

가족 외식도 여행도 하고 싶은데 안 되니까요…

투쟁이 언제 끝날지 모르니까 지치는 거죠.

우리가 50보쯤 걸었는데, 10보밖에 못 걸은 사람을 나무랄 수 없는 거예요.

그렇죠. 다른 데서는 우리 보고 어떻게 5년이나 하냐고 그러는데…

우리는 후원도 받아서 투쟁팀이 한 달에 90만 원씩이라도 생계비 받잖아요? 운이 좋은 거죠.

돈 한 푼 못 받았다 책임져라!!

알려지지도 않고 몇 명이서 투쟁하는 데들 참 힘들어요.

가정이 무너지기도 하고…

투쟁 시작할 때는 우리가 이렇게 억울하고 아프다, 그걸 알리려 노력했는데

요즘에는, 아픈 사람들이 참 많구나, 그 얘기를 들어줘야 우리 얘기도 들어주겠구나 하는 생각이 들어요.

우리가 겪은 실패, 다른 데서는 되풀이 되지 않아야죠.

좋은 생각이네요.

2010년 6월
KEC 구미공장
파업 돌입, 사측은
직장폐쇄로 대응

10월 21일
노조원들은 공장점거
돌입, 농성장에
최일배 위원장도
연대했다.

지금 이 싸움에서 밀리면, 노조가 무너지고, 노조가 무너지면 반드시 정리해고가 옵니다.

5년 전, 길 건너 코오롱 공장에서 78명의 노동자들이 그렇게 쫓겨났습니다!

11월 3일
KEC노조와 사측이
합의문 도출,
140일 만에 파업종료

파업 종료 후
최일배 위원장 구속,
실형 1년 6개월
집행유예 3년 선고

2012년 4월, 코오롱 정투위 정기회의

구미공장 출퇴근 선전전은 그만두고요?

과천 본사 앞에서 텐트농성?

걱정된다. 동지들 다 구미에 있는데 위원장 혼자 어찌 보내노.

내가 구미 과천 왔다 갔다할 거야.

동지들 마음은 알지만 그렇게 해야 하는 이유가 있어요.

혜란 동지랑 지난 1월 '희망뚜벅이' 행사에 참여했는데, 코오롱 투쟁 상황을 다들 잘 모르데요.

비정규직 철폐!!

노조탄압 중단!!

그런데 사회적으로 정리해고가 문제라는 인식이 커졌어요. 이럴 때 우리도 함께 투쟁을 하면서 알리려고요.

올해 대선이 있는데, 후보들에게 알리려면 수도권에 있는 게 더 나을 것 같아요.

일리 있네.

혼자 보내서 미안하네.

자주 연락해요.

2012년 7월 4일 '정리해고, 비정규직, 노조탄압 없는 세상을 위한 투쟁사업장 공동투쟁단'이 결성되었다. 최일배 위원장이 공투단 단장이 되었다.

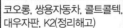

코오롱, 쌍용자동차, 콜트콜텍, 대우자판, K2(정리해고)

재능교육, 기아자동차, 국민체육진흥공단, 국립오페라합창단(비정규직 차별)

베링거인겔하임, 한국3M, 골든브릿지투자증권, 유성기업, KEC, W, 영남대의료원(노조탄압)

골든브릿지 이상준회장은 파업사태 해결하라!

연대하는 동지들께 감사드립니다. 힘들고 외로울 때가 많지만, 동지들 덕에 즐겁게 투쟁할 수 있습니다.

'투쟁하는 노동자가 희망이다'라는 말이 있습니다.

최일배 위원장은 코오롱 본사 출퇴근 선전전과 공투단의 연대투쟁을 하고 있다.

2013년 6월 8일 서울 남산

코오롱은 정리해고 기업입니다.

코오롱스포츠 사지 말아주세요.

오늘도 사측 직원이 따라오네요. 신경 엄청 쓰이나 봐요.

유일하게 흑자 나는 분야가 아웃도어인데 불매운동하고 있으니까요.

지금 코오롱은 듀퐁사에 1조 원 배상금을 물어야 해요.

회장은 뇌물 혐의로 검찰 조사를 받고요.

어떤 분이 코오롱 정리해고 얘길 듣더니 그게 구멍가게지 재벌이냐고 하시더라고요.

하는 짓은 구멍가게만도 못하죠.

코오롱불매등산 반응이 어떤가요?

예상보다 뜨거워서 저희도 놀라고 있습니다.

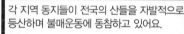

각 지역 동지들이 전국의 산들을 자발적으로 등산하며 불매운동에 동참하고 있어요.

코오롱은 정리해고 기업입니다
코오롱스포츠
사지 말아주세요

불매운동이 해고자 복직에 도움이 될까요?

9년째 싸우지만 회사는 무대응으로 일관하고 있습니다.

저희 심정이 오죽하면 이러겠습니까?

불매운동 확산을 막기 위해 코오롱은 자충수를 두고 만다.

전국 102개 산에 불매운동 가처분신청을 한 것이다.

이놈들이 돌았나? 산이 다 지들 끼가?

어디 코오롱뿐인가. 도둑이 제 발 저리는 거제…

2014년 현재, 코오롱 정투위에는 14명의 동지들이 남아있다.

코오롱정투위의
투쟁은
언제, 어떻게
끝나게 될까?

솔직히 이젠
복직시켜준대도
안 갈 거야.

복직이 어렵다면
금전적인 보상이라도
받아야죠.

회장이 잘못을 인정할까요?
차라리 코오롱이 망하는
모습을 보는 게 쉽죠.

앞으로 10년은
더 싸울 수
있어요.

정리해고라는 말 자체가
세상에서 없어져야
하는 말인 기라.

돈 때문에 지금까지 싸운 게
아니에요. 정투위 안에서도
돈 받고 끝내자는 얘기는
하지 말자고 했어요.

투쟁을 위한 투쟁이 아닙니다.
투쟁을 끝내기 위해서 최소한 정리해고가
잘못됐다는 사측의 입장표명은
있어야지요.

정투위 해체를
위하여!

찍을게요,
하나 둘 셋~

14 ㎢

하루를 일하더라도
복직하고 싶습니다
연정

사다리를 들고 산에 오르는 이유

"맥반석 계란 받아가이소~"

"리본 하나 달아주이소~"

"배낭에 이 리본을 묶어주시면 정리해고 노동자들에게 큰 힘이 됩니다."

"내려가면서 한 번만 읽어주세요."

2013년 10월 13일, 가을 등산객으로 북적이는 구미시 금오산 채미정 앞길이 시끌벅적하다. '정리해고 기업 코오롱스포츠 사지 말아주세요'라고 쓰여 있는 분홍색 천을 몸에 두른 사람들이 등산객들에게 구운 계란을 나누어주고, 붉은색 리본을 배낭에 매어주며 호소하고 있다. 이른 산행을 마치고 내려오는 등산객한테는 홍보물도 나누어준다. 계란에는 '코오롱스포츠 불매', 리본에는 '코오롱은 정리해고 기업입니다. 코오롱스포츠 불매'라는 글씨가 새겨져 있다. 많은 등산객들이 계란을 받아가고, 줄을 서 배낭에 리본을 달고 간다.

"코오롱을 사라는 거야? 사지 말라는 거야?"

간혹 고개를 갸우뚱하며 지나가는 등산객도 있다. '삶은 계란으로 코오롱 자본 치기'라는 이름으로 마련된 이날 등반은 등산객들에게 2005년 (주)코오롱에서 있었던 정리해고 문제를 알리고, 코오롱스포츠 불매운동 홍보를 통해 코오롱 사측에 문제해결을 촉구하기 위해 마련되었다.

2005년 2월 21일, 당시 구미·김천·경산에 공장을 운영하면서 원사와 각종 산업용 화학제품을 제조·판매하던 코오롱은 구미공장 78명, 김천공장 4명의 노동자에게 정리해고를 통보했다. 82명의 정리해고 노동자 중 현재 구미공장 해고자 14명(김경옥·김만수·김상현·김혜란·성치만·송진만·원동명·이경희·이상진·이옥순·전기철·정원철·최일배·황인수)이 10년째 정리해고 철회와 원직복직을 요구하는 투쟁을 하고 있다. 나머지 68명은 정리해고 통보 이후 '희망퇴직' 신청을 하거나 투쟁에 참여하다가 생계 등의 어려움 때문에 투쟁을 포기하였다. 리본과 계란 배포가 얼추 마무리되자 기념사진을 찍고 홍보할 소수 인원만 밑에 남겨두고 본격적인 등산을 시작했다.

"거긴 어디 가는데, 사다리를 들고 가요?"

"경치가 좋아서 사진 찍으러 가요."

배낭 하나 메고 올라가는 것도 버거운데, 2미터는 족히 될 법한 사다리를 메고 가는 사람이 있다. 코오롱 정리해고노동자 성치만 씨다. 눈이 동그래진 관리사무소 직원의 질문에 치만 씨가 웃으면서 대답한다. 치만 씨는 중간 중간 걸음을 멈추고 사다리에 올라가 나뭇가지에 '정리해고기업 코오롱. 코오롱스포츠 불매' 리본을 묶는다.

"며칠 있으면 사측 관리자들이 사다리 들고 떼러 와요."

그 며칠이라도 등산객들에게 불매 리본을 보여주고 싶은 것이 치만 씨가 매번 사다리를 들고 산에 오르는 이유다. 그는 승용차 뒷좌석에 사다리를 싣고 다니면서 틈이 날 때마다 리본을 매단다. 사다리 들고 다니는 게 힘들지 않냐고 물으면 그는 연신 사람 좋은 표정으로 괜찮다며 웃기만 한다.

노래방 도우미와 못 놀아서 당한 해고

"회사가 어려우면 정리해고 할 수도 있는 거지."

"그 당시 코오롱이 재계순위 23위였는데, 중소기업도 아닌 우리나라에서 손꼽히는 대기업이 70~80명 정리해고로 경영 위기를 해소할 수 있다는 게 말이 됩니까? 당하는 사람이 받아들일 정도는 돼야 하지 않겠습니까?"

"그렇지. 합당한 사유가 있어야지. 그게 아니면 해고시키면 안 되지."

"제가요. 16년 동안 지각·조퇴·결근한 적이 없습니다. 거짓말 아닙니다."

치만 씨가 코오롱스포츠 불매 등반에 못마땅한 반응을 보이는 등산객들에게 한마디 한다. 집에서건 회사에서건 'FM'으로 통하던 치만 씨는 코오롱 구미공장에 근무한 16년 동안 주말이나 명절에 거의 쉬어본 적이 없다.

"제가 2003년도에 거짓말 안 하고 365일 중에 360일 정도 일했어요. 3교대 공장이다 보니까 내가 빠지면 다른 사람이 그걸 메꿔야 하잖아요. 내가 빠지면 다른 사람이 16시간 근무를 해야 되는 거예요. 명절 때랑 주말에 내 근무는 내가 한 거죠."

치만 씨는 일을 할 때, 자신이 맡은 일을 속속들이 알고 해야 직성이 풀리는 성격이다. 기계보전 업무와 냉난방 공조업무 등을 했던 그는 기계를 분해·조립해가면서 일을 배웠다. 그리고 고참들이 남겨놓은 자료를 분석했고, 항상 생각하면서 일하려고 했다. 퇴근 후에는 학원에 다니면서 위험물취급기능사, 열관리기능사 등 업무에 도움이 되는 자격증을 취득하기도 했다.

새로운 일에 대한 열정과 탐구정신을 갖고 있는 치만 씨는 다른 노동자들이 가고 싶어 하지 않는 부서에 자원하여 새 업무에 도전하고 연구하면서 16년 동안 일했다. 그렇게 일했건만 정리해고 통보서가 담긴 노란봉투를 받았다. 코오롱은 2005년 1월 18일 경영위기를 이유로 전체 노동자 3,083명 중 38.3퍼센트에 해당하는 1,182명을 감원해야 한다면서 연봉제 사원과 생산직 사원 878명의 조기퇴직 신청에 이어 304명을 정리해고 하겠다는 내용의 고용조정계획서를 노동부에 제출하였다. 그리고 사측의 일방적인 정리해고를 막는 단체협약 체결과 정리해고를 하지 않겠다는 노사 간의 약속이 있었음에도 불구하고 코오롱은 한 달 뒤에 정리해고를 단행하였다.

회사는 노동부에 정리해고를 신고하기 전에 정리해고 대상자들과 개별 면담을 진행했다. 치만 씨는 관리자 면담 과정에서 죽을 때까지 잊을 수 없는 경험을 했다.

"간단하게 '요번에 대상자 되신 거 같다. 마음의 준비를 하세요.' 해요. 내가 왜 대상자냐고 하니 몇 마디 말이 없어요. '치만 씨는 노래방 가면 도우미하고 못 놀지 않냐. 이것도 한 가지 이유가 될 수 있다.' 쓴웃음 지으면서 이렇게 얘기한 게 다였어요."

치만 씨의 사례뿐만 아니라 관리자 면담 과정에서는 '몸무게가 많이 나가서', '점심시간에 밥을 많이 먹어서', '주차위반이 잦아서' 등 어이없는 내용들이 정리해고 사유로 언급되었다. 치만 씨는 정리해고 당시 회사가 자신을 해고하는 기준으로 사용했다는 평가점수표도 받아보지 못했다. 해고노동자들이 강력하게 요구하자 인사과장이 점수를 불러준 게 전부였다. 치만 씨는 정리해고 되고나서 1년 6개월 뒤 재판 과정에서야 평가점수표를 처음으로 보게 된다. 평가 대상기간 5년 동안 지각, 조퇴, 결근 한 번 없이 성실하게 근무하여 근무태도 10점 만점을 받은 치만 씨는 업무능력평가에서 정리해고자들 중에서도 가장 낮은 2.3점을 받았다. 업무능력평가는 전적으로 관리자들의 주관적인 평가에 의해 작성되는 것이었다.[1] 한편, 평가 기간 중에 연말소득정산 기부금 영수증을 허위로 위조하여 회사 직원들에게 판매해 징역형을 선고받았던 이는 15점 만점에 13.7점을 받아 정리해고 대상자가 되지 않았다. 치만 씨는 그토록 성실하게 일했던 자신이 정리해고 당한 것을 인정할 수 없어 지금까지 정리해고 철회 투쟁에 함께 하고 있다.

코오롱에서 해고됐다는 거 계속 쓸 기라

"똑똑한 사람을 잘라야지. 얼빵한 사람 잘라서 끝까지 투쟁하게 만들고. 딴 생각할 사람을 잘라야지."

치만 씨와 짝을 이루어 가끔 치만 씨의 사다리를 들어주기도 하고, 사다리에 올라가 리본을 달기도 하던 김만수 씨가 투덜거린다. 산중턱에 있는 송전탑에 도착하자 누가 먼저 제안하지도 않았는데 만수 씨가 자연스럽게 송전탑에 올라가서 현수막을 건다.

만수 씨도 2005년에 정리해고를 당했다. 그 역시 결근·조퇴 없이 성실하게 근무했고, 공장에서 사고가 났을 때 바로 조치를 취해 큰 손실을 막은 적도 있다. 그는 현재 구미에서 아파트 전기관리 일로 생계를 이어나가면서 복직투쟁을 하고 있다. 낮에는 전기 일을 하고, 밤에는 대리운전을 한다. 코오롱에 다닐 때 마라톤을 했던 만수 씨는 해고당한 이후 분노를 삭이기 위해 혼자 산에 자주 다녔다.

"현곡동 회사까지 산 너머 걷고, 집에 오면 운동화 신고 물통 하나 차고 뛰었어요. 해고돼서 실업급여 탈 때인데, 뛰면 잊게 되니까. 투쟁은 해야겠고 아이들 학교도 보내야 되는데…… 해고자 낙인 때문에 집사람 보기도 미안하고……."

----

1) 사측은 정리해고 대상자 기준을 회사공헌도(70퍼센트)와 근로자생활(30퍼센트) 측면으로 나누고 그 밑에 연령과 포상, 징계 등 총 14개의 세부항목을 두어 구미공장 노동자 988명을 평가하였다. 세부항목 중 업무능력평가점수는 15퍼센트로 가장 큰 비중을 차지하고 있는 항목이었다. 정리해고 대상 여부에 큰 영향을 미칠 수 있는 이 항목은 관리자(과장급, 팀장, 임원의 3단계 평가방식)의 주관적인 평가로 작성되었다. '코오롱정리해고분쇄투쟁위원회'에서는 대상자 평가기준표 작성 시 업무능력평가 항목뿐만 아니라 포상과 개선제안 점수 누락이나 보직·차량 유무에 작성 오류가 있었고, 회사가 제출한 평가기준표들의 기재방식이 상이했다며 당시 정리해고가 주먹구구식으로 이루어졌다고 이야기한다. 또한, 자진퇴직자의 사직서를 반려하는 등 사측이 의도적으로 정리해고를 시행했다고 주장하고 있다.

해고되고 1년이 지난 2006년 3월 6일 새벽 3시, 만수 씨는 20킬로그램이 넘는 배낭을 메고 코오롱 구미공장 안에 있는 15만 볼트가 흐르는 송전탑에 올라가서 40여 일을 보냈다.

"'여길 올라가야 끝낼 수 있다.' 이런 마음이었기 때문에 아래를 볼 시간도 없었어요. 3일만 버티면 된다고 생각했죠. 3일만 버텨보자고."

집에는 한동안 연락이 안 될 수도 있다는 이야기만 하고, 두 명의 동료와 함께 철탑에 올라갔다. 3일이면 끝날 줄 알았던 철탑농성은 30일 넘게 진행되었다. 가족들은 보면 울까봐 오지 못하게 했다. 철탑 농성은 교섭이 시작되면서 32일 만에 마무리 되었다. 만수 씨는 첫 교섭에 희망을 갖고 내려왔지만, 열두 번의 교섭은 아무 성과 없이 끝났다.

2007년 코오롱 창사 50주년에 맞추어 진행된 투쟁 이후 원직복직 투쟁을 하던 많은 해고노동자들이 생계를 위해 세상에 나갔지만, 세상은 그들을 반겨주지 않았다. 대부분 건설 일용직이나 대리운전 기사 일을 했고, 동네에서 임대료 싼 가게를 얻어 떡볶이 장사를 하는 해고자도 있다.

만수 씨도 아파트 건설 현장에서 일용직 노동을 하면서 면접을 보러 다녔다. 한 중소기업에서 전기자격증 소지자를 뽑는다기에 이력서에 코오롱에서 근무했던 경력을 써서 냈다. 면접을 보고 합격해서 출근하기로 한 상태에서 갑자기 전화를 받았다.

"'출근 안하셔도 됩니다.' 이카는 기라. 사장이 코오롱하고 관련 있나 싶어 다시 물었지. '됐다고 얘기했잖아요.' '우리 사장님이 출근 안 된다고 카던데요.' 알고 보니까 그 사장이 코오롱 노무팀에 있던 사람이야. 그것도 모르고 이력서를 낸 기라. 나중에 내가 해고자인 거 알고 이 사람들이 기겁을 한 기지. 나는 코오롱에 있었다는 거 코오롱에서 해고됐다는 거 계속 쓸 기라."

지금 일하는 곳도 지원할 때, 코오롱 근무 이력을 썼다. "노동조합 활동 하셨습니까?"라는 질문을 받고 떨어지겠구나 했는데, 합격해서 근무하고 있다. 코오롱에 다녔다는 것을 쓰지 않으면 20년 가까운 그 긴 시간 그의 삶을 어떻게 설명할 수 있을 것인가.

2013년 5월, 두 아이를 키우면서 정리해고 투쟁을 하던 장고훈 씨가 대리운전 중에 사고로 유명을 달리했다. 만수 씨는 고(故) 장고훈 씨와 한 동네에 살며 각별한 정을 나누고 그에게 대리운전을 배우기도 했다. 거의 쉬는 날 없이 대리운전을 하던 만수 씨는 장고훈 씨가 세상을 떠난 이후 대리운전 하는 게 싫어졌다고 한다.

만수 씨는 요즘 들어 부쩍 회사에 기필코 돌아가고 말겠다는 생각을 많이 한다. 주말이면 산에 가서 사다리를 타고 리본을 다는 게 즐겁기만 하다. 복직을 위해 무언가 할 수 있다는 게 큰 기쁨이다. 과천 코오롱 본사 앞에서 천막농성 중인 최일배 씨와 김혜란 씨를 빨리 집으로 보내기 위해 더 열심히 해야겠다는 다짐도 한다.

"후회는 없습니다. 해고와 투쟁은 내 인생의 점인데, 이제 어느 정도 선이 그어지고 있잖아요. 열심히 더 뭔가 찾아서 해야 안 되겠나 이런 생각이 들어요. 난 인생에서 제일 중요한 게 의리라고 생각해요. 의리를 저버리면 언젠가는 후회할 거예요. 그 후회가 싫어서 계속 가는 거고. 동지들에 대한 의리, 정투위(정리해고분쇄투쟁위원회)에 대한 의리 때문에 하는 거죠."

하루아침에 모든 걸 다 잃어버렸어요

신학대학에 가서 신부가 되는 것이 꿈이었던 원동명 씨는 그 꿈을 이루지 못하고 코오롱에 입사했다. 타이어에 들어가는 원사 생산 일을 하다가 타이어코드 부서로 옮겨 일을 계속했다. 동명 씨 스스로 일만큼은 어디 가도 안 빠진다고 자부한다. 공장에 불이 나서 폭발 위험에 처했을 때, 독한 연기를 마셔가며 동료들과 함께 불을 끄기도 했다. 어릴 때부터 음악을 좋아했던 그는 풍물패 활동을 하다가 자연스럽게 노동조합 활동을 하게 된다. 동명 씨는 해고되기 전 두 달 동안 끔찍한 경험을 했다. 회사는 그에게 일을 안 시키고 여덟 시간 동안 책상 앞에 앉아있게 했다. 그리고 동명 씨와 이야기하는 사람은 정리해고 대상자에 포함시킨다는 소문을 냈다.

"많이 서운했죠. 퇴근하고는 서로 통화해도 되는데, 그런 것도 없었고. 심지어는 자기 집도 도청 당하는 줄 알 정도로 순진해요. 집에서조차 전화를 못 받아요. 내가 해도 안 받고. 길 가다가 누가 날 만나 얘기하는 걸 다른 사람이 보면 회사에 얘기를 하는 거예요. 그럼 과장이나 이사 방에 불려가는 거죠."

그는 밥도 혼자 먹어야 했다. 직장 동료들은 밥 먹는 시간에도 그와 눈을 마주치지 않았다. 얼마 뒤 동명 씨는 정리해고통보서를 받았다. 그는 회사가 정리해고 사유로 주장하는 경영위기론에 동의할 수 없다고 한다.[2] 그는 '희망퇴직'부터 정리해고에 이르는 과정은 회사가 자기들 입맛에 맞지 않는, 바른말 하는 노동조합을 없애기 위해 처음부터 계획한 것이라고 했다. 2005년 정리해고는 '민주집행부'라 불리는 노조 집행부에서 열심히 활동했던 노동자들에 대한 '표적 해고'라는 것이다. 실제로 구미공장에서 정리해고 통보를 받은 78명 중 68명 이상이 핵심적인 전·현직 노동조합 간부였다.

----

2) (주)코오롱 사측은 정리해고 사유로 원/달러 환율의 하락·원료가격의 급등·세계 화학섬유 시장의 공급과잉과 중국의 성장·인건비 증가·노동조합의 파업 등으로 인한 경영위기를 제시했다. 회사는 2003년 875억 원, 2004년 1,500억 원 가량의 당기순손실과 회사 신용평가등급이 A-에서 BBB+로 하락하는 등 어려움에 처했다고 주장했다. 반면, 정리해고 노동자들은 2003년 영업이익률이 전년에 비해 감소하긴 했지만, 여전히 흑자 상태였으며 경상이익이 800억 원 적자인 것은 관계회사 투자 주식에서 미실현 손실이 발생하는 등 영업외 비용이 크게 증가한 것 때문이라고 주장한다. 정상적인 생산과 영업활동 과정에서는 여전히 흑자를 기록하고 있었으며, 자산총계도 2003년 말 1조 8,000억 원으로 거의 변함이 없었다는 것이다. 또한, 2004년 추가 적자는 구조조정 과정에서 파생된 일시적인 것이며 코오롱 경영의 문제는 코오롱그룹의 매출액 중 60퍼센트를 차지하던 그룹 계열사들에 대한 잘못된 투자와 그로 인한 손실에서 비롯된 것이라고 이야기한다. 2004년 9월에는 (주)코오롱이 857억 원을 투자한 코오롱캐피탈에서 473억 횡령사건이 발생하여 (주)코오롱이 250억 원을 증자하는 결정을 하기도 했다.

2006년 5월, 동명 씨는 청와대 앞에 있는 공사장 크레인에 올라가 열흘 동안 고공농성을 했다. 정투위 활동이 소강기에 들어서고 교섭도 열리지 않는 정체기였기에 동료들에게 희망을 주고 교섭의 물꼬를 터보고 싶은 마음에서 올라간 것이었다. 간단한 비상식량과 현수막 3개, 꽹과리를 갖고 올라갔다.

"크레인 올라가면 청와대가 보여요. 꽹과리를 매일 쳤어요. 그걸 치면 소리가 멀리까지 날아가요. 청와대에도 조금은 안 들리겠나 하는 마음으로……."

경찰의 봉쇄로 집회 한 번 제대로 열지 못했고, 생각만큼 여론화도 되지 않으면서 고공농성은 점점 고립되었다. 결국 11일째 되던 날 새벽, 경찰특공대에 의해 진압당했다. 동명 씨는 타워 끝에 가서 목에 밧줄을 걸고 저항하겠다는 계획을 세웠으나 실행에 옮기지는 못했다.

해고된 이후 그의 아내가 마트에서 파트타임으로 일해 벌어오는 40~50만 원으로 생활을 꾸려가면서 3년 동안 복직투쟁을 했다. 그러다가 생계활동을 결심하고 가스배달을 하고, 울산 중장비 공장에서 일을 하다가 지금은 그의 아내가 몸이 아파 받은 보험금으로 구미에 치킨 집을 싸게 내서 운영하고 있다. 동명 씨는 해고 이후에 화병 비슷하게 욕하는 버릇이 생겼다고 했다.

"해고 되고 모든 게 다 바뀌었죠. 하루아침에 모든 걸 다 잃어버렸어요. 회사 동료, 친구 시선이 달라지고, 하루아침에 회사 동료들이 다 없어져 버렸어요. 해고 안 됐으면 예전처럼 평범하게 살았겠죠. 마무리는 하고 싶어요. 그래야 내 속이 편할 것 같아요. 억울함이 있는 거죠. 힘은 들지만, 후회를 한 적은 없어요."

예전엔 서로 위해줬는데, 지금은 서로 경계합니다

"안녕하십니까."

"오랜만입니다."

금오산 등반 중에 코오롱 구미공장 정규직 노동자를 만났다. 몇 년 만에 만난

해고노동자와 정규직 노동자가 입가에 희미한 미소를 머금고 다소 어색한 인사를 나눈다. 그 정규직 노동자는 '희망퇴직'과 비정규직, 정리해고의 칼바람을 모두 피하고 끝까지 살아남았다. 그는 도와줄게 없어 미안하다며 잘 되었으면 좋겠다는 이야기를 건네고 산을 올라갔다.

2005년 당시 사직서를 썼던 노동자 중 410명은 퇴직 후에 도급업체에 입사해서 현재까지 일하고 있다. 코오롱은 정규직이 하던 공정을 비정규직이 일하는 공정으로 바꾸고 이 자리를 '희망퇴직'한 정규직 노동자로 채웠다. 말 그대로 오전에 정규직으로 출근했던 노동자가 저녁에는 비정규직으로 퇴근하는 상황이 된 것이다.

이경수(가명) 씨는 코오롱 구미공장 도급업체에서 10년째 비정규직으로 일하고 있다. 10년 전 이 공장의 정규직이었던 그는 2005년 1월 '희망퇴직'을 하고, 도급업체에 입사했다.

"내 자신도 사표를 썼다는 게 의심스러워요. 귀신한테 홀린 거 같습니다."

경수 씨는 지금도 그때를 생각하면 자신이 어떻게 20년 가까이 다닌 회사를 위로금 3,000만 원 받고 하루아침에 그만둔 건지 이해가 되지 않는다고 했다. 관리자들이 한 명씩 불러 '희망퇴직'을 강요하던 때였다. 평소 업무와 근태에 문제가 없던 그에게도 관리자 면담이 진행되었다.

"쓰고 싶은 마음은 없었는데, 입씨름 하다 '내 쓸게' 했습니다. 입씨름 하는 게 구차해서……."

경수 씨는 자신이 경험한 것은 '희망퇴직'이 아니라 해고라고 했다. 노동조합 활동을 '남들만큼은 했다'고 말하는 그는 당시 노동조합 집행부를 기름칠 안 한 기계와 같다고 비판했다. 강도 높은 투쟁으로 정리해고 안 한다는 내용을 문서로 남겼어야 했는데, 집행부가 어리숙하고 무능해서 구두약속만 믿었다는 거다.

정규직으로 일할 때와 같은 일을 했지만, 살아남은 입사동기가 받는 임금의 40퍼센트에 해당하는 임금만 받았다. 경조휴가와 휴가비가 줄었고, 학자금 지원이 없어졌다. 기숙사 이용을 못하게 되었고, 사택 보조비도 없어졌다. 비정규직으로 일한지 10년이 되어가지만, 근속에 따른 호봉도 없다. 또, 1년 단위로 근로계약을 체결해야 했다. 나중에 없어지기는 했지만, 식대 계산에도 차별이 있었다. 현재 구미공장에는 정규직 900명 비정규직 800명이 근무하고 있다. 정리해고 이후 비정규직이 정규직보다 많거나 같거나를 반복하다가 최근 정규직 신규채용으로 정규직 비율이 50퍼센트를 넘어섰다.

"사원(정규직)은 제도권 안에 있는 사람이고, 도급(비정규직)은 제도권 밖에 있는 사람입니다. 위치가 달라요. 원래도 사원과 도급 계급이 있었는데, 사원들 사표를 쓰게 하기 위해 중간 계급을 만듭니다. 그게 우리에요. 우리가 중간에 낀 거고, 그러면서 기존에 있던 도급은 더 낮아졌어요. 거긴 우리보다 더 열악합니다."

제도권인 사원과 비제도권인 도급은 천지차이라고 했다. 그 비제도권은 다시 사원이었다가 비정규직이 된 사람과 원래부터 도급으로 입사한 사람으로 나뉜다. 현재 코오롱 비정규직 노동자들은 체념 상태다. 임금이 깎여도 말 못할 분위기다. '희망퇴직' 시 회사가 잘 돌아가면 정규직으로 전환해주겠다는 약속을 받은 사람도 있지만, 그 약속은 지켜지지 않았다. 정리해고 이후 신규채용을 했지만, 그들도 정리해고자들도 그 대상이 되지 못했다. 회사가 40억 원이라는 비용을 들여 채용한 것은 해고노동자들의 활동을 감시하고 탄압하는 역할을 하는 용역경비였다. 심지어 회사는 그 용역경비를 직원으로 채용하기도 했다. 경수 씨는 나이가 있어 다른 곳에 옮기기가 어렵기 때문에 '드럽고 치사해도' 그냥 다닐 거라고 했다.

"사람을 못 만나요. 말을 안 할라 해요. 예전엔 서로 위해줬는데, 지금은 서로 경계합니다. 내 말이 언제 관리자한테 들어갈지 모르니까 사원들이 벽을 칩니다. 임금협상이나 단체협상을 하면 찬성률이 98퍼센트 나옵니다."

경수 씨는 예전에는 반대가 30~40퍼센트 나왔다며, 반대가 나와야 민주주의라고 했다. 정규직 노동자들의 분위기도 물질적인 조건을 제외하면 도급과 다를 바가 없다.

경수 씨는 '희망퇴직'에 사인하는 그 순간부터 1년 동안 평생 받을 스트레스를 다 받았다고 했다. 아이들을 키워야 하는 현실적인 문제부터 무기력함으로 인해 마음의 골병이 깊어갔다. 지금은 그때보다는 편안하지만, 그 스트레스는 아직도 이어지고 있다.

"정투위는 안타깝습니다. 처음에는 의미부여하고 나도 싸워볼 걸 했는데, 내 사정이 더 안타깝고 내가 먹고 살기 힘드니까……. 사람이 간사한 게 (재판에서) 지고 나니 그런 생각이 없어집디다."

투쟁 그만두는 건 내 자존심이 허락 안 해

김혜란 씨는 중학교를 졸업하기 전에 부산에 있는 봉제공장에 들어갔다. 일하면서 야간학교에 다닐 생각으로 시작했지만, 실밥 떼고 박음질하는 일이 적성에 안 맞아 한 달이 채 안 되어 다시 구미로 올라왔다. 그러다가 중학교를 막 졸업하고 코오롱에 시험 보러가는 친척을 따라와서 시험 보고 1983년 3월에 입사해 기숙사 생활을 했다. 일반상식 등 필기시험과 신체검사를 거쳤는데, 떨어진 친구들도 있었다. 혜란 씨는 3교대로 근무하면서 코오롱 구미공장 안에 있는 산업체 부설학교 오은여고에 다녔다. 당시 코오롱 타이어코드는 그녀가 학교 수업을 못 갈 정도로 호황이었다. 직원 수가 관리자들까지 포함하여 5,000명이 넘던 때였다.

그녀가 입사했을 때만 해도, 코오롱에는 명절선물도 따로 없었다. 여성노동자들에게는 짧은 스타킹 한 켤레, 남성노동자들에게는 양말 한 켤레가 다였다.

"처음 들어왔을 때, 임금이나 복지 처우가 동종업계 타사보다 많이 열악했어. 코오롱은 '가족'이라는 걸 내세우면서 어려서 잘 모르는 학생들을 추천제로 입사하게 해서 많이 착취했거든. 노동조합 없었을 땐 고과 잘 받으려고 조장·반장한테 선물을 주고 비리도 많았어. 노동조합 만들어지면서 그런 게 많이 개선이 되었지."

1988년 12월 13일 노동조합 설립신고를 했고, 혜란 씨는 창립 멤버로 참여했다. 제1대 집행부 여성부장을 시작으로 운영위원과 대의원 등으로 활동했던 혜란 씨는 노동조합은 꼭 필요한 것이기 때문에 노동조합이 하는 일은 도와줘야 한다는 생각으로 열심히 참여했다. 그 때문인지 1996년에 사무실 발령이 났다.

"왕따 비슷하게 있잖아. 밥도 같이 먹으러가지 말라카고."

1990년대 중반부터 이미 인원 감축은 시작되었고, 그 우선 대상은 여성노동자들이었다. 타이어코드 연사제직 공정과 자기재생산 비디오테이프 생산공정, P/F(폴리에스테르 필라멘트)부서 등 여성노동자들이 많이 근무하던 부서가 하나 둘 외주화되었다. 사무실에 있던 혜란 씨는 2년 만에 부직포 만드는 부서에 들어가 검사 업무를 했다. 2004년 64일 파업에 끝까지 참여하고 나서 또다시 사무실 발령이 났고 사무실 근무를 하다가 해고를 당했다. 혜란 씨는 복직투쟁 중에 두 번의 유산을 경험했다. 그럼에도 그녀는 투쟁을 포기할 수 없었다.

"내 자존심이잖아. 투쟁 그만두는 건 내 자존심이 허락 안 해. 이건 내 싸움이잖아. 그리고 내가 애를 잃으면서까지 이 싸움을 했는데, 어떻게 되든 깔끔하게 끝맺어야지. 잘 되든 못 되든 끝을 맺어야지. 그래야 깔끔하지. 부당해고 인정받아야지. 다시 사무실로 발령이 나도 보란 듯이 당당하게 생활할 거야. 더 잘 할 자신도 있어. 코오롱은 결혼해서 꾸린 우리 가정 말고는 내 인생의 전부야."

혜란 씨는 2012년 5월부터 과천 코오롱 본사 앞에서 천막농성을 하고 있다. 그녀는 초등학교 6학년인 아들이 좀 더 자라면 그녀의 삶과 투쟁에 대한 이야기를 해주고 싶다고 했다.

정리해고자로 코오롱 직장생활 끝낼 수 없다

"코오롱에서 정리해고는 언제 했어요?"

"2005년 2월에 했습니다."

"회사에선 아무 답이 없고?"

"예. 정리해고 9년인데, 더 이상 할 수 있는 게 없어서 마지막 방법으로 불매운동을 하고 있습니다."

"대표자 만나서 얘기를 해봐요. 인내심 갖고 꾸준히 하면 이겨요. 용기 잃지 마세요."

"고맙습니다. 정리해고 철회될 때까지만 사 입지 말아주세요."

등산객 중 누군가 조금만 관심을 보여도 초롱초롱 빛나는 눈빛으로 다가가 이야기 나누는 이는 최일배 씨다. 그는 코오롱노동조합 제10대 위원장이자 정투위 위원장이기도 하다.

대학 입시에 실패한 최씨는 고등학교 졸업 후 호텔 벨맨과 파친코 홀맨으로 일했다. 돈 없는 사람들의 쌈짓돈을 갈취하는 느낌이 들어 괴로웠던 그는 땀 흘려 일할 수 있는 제조업에서 일을 하기로 결심하고, 군 제대 후 스물네 살 때 장농 공장에 들어갔다. 12시간 맞교대로 몸은 힘들었지만, 보람을 느낄 수 있는 시기였다.

그러다가 1992년에 이종사촌 소개로 한 달 간 직업훈련원 생활을 마치고 코오롱 구미공장에 입사한다. 일배 씨는 코오롱 구미공장에서 원사를 만들고 뽑아내는 P/F부서 테이크업 공정에서 근무했다. 한겨울에도 민소매 옷을 입고 일할만큼 더운 공정이었다. 입사 후 8년 동안은 노동조합 활동에 적극적으로 참여하지 않았다.

"노동조합이라고 하면 무섭기도 하고 거부감도 있었어요. 노동조합 간부가 조합원 위에 군림하는 그런 느낌도 있었으니까요. 노동조합은 남 앞에 나서기 좋아하고 목소리 크고 술 잘 먹고 고함 잘 지르는 사람이 하는 건 줄 알았어요. 나 같은 소심한 사람이 하는 게 아닌 줄 알았죠."

일배 씨는 1999년 주변 동료들의 권유로 노동조합 부위원장 선거에 출마해 당선되면서 노동조합 활동을 시작한다. 그가 활동했던 제7대 집행부는 2000년에 임금인상보다는 고용안정을 위해 '신규 투자에 의한 고용 창출'을 요구하는 17일간의 파업을 통해 신규투자의 성과를 만들어냈다. 파업이 끝난 후에 구미공장 관리자로부터 신규투자를 위한 파업을 해주어 고맙다는 인사를 받은 적도 있다.

12년 동안 근무했던 코오롱에서 정리해고통보서를 받은 일배 씨는 2005년 7월 해고자 신분으로 노동조합 선거에 출마하여 제10대 위원장에 당선되었다. 2006년 4월 중앙노동위원회가 그를 포함한 해고노동자들이 제기한 부당해고 구제 재심신청을 기각하면서 공장에는 최일배 위원장 집행부를 부정하고 회사 측 입장을 대변하는 노동조합이 만들어졌다.

한 달 간 단식농성을 했던 일배 씨는 정리해고 문제를 풀 수 있는 대화를 요청하기 위해 유서를 쓰고 코오롱 이웅렬 회장 집에 들어갔다. 그는 회장 집에서 끌려나오면서 칼로 자신의 손목을 긋고 피를 흘리며 끌려나와 구속되었다. 2006년 6월 이후 8년 동안 코오롱과 해고노동자들 간에는 단 한 번의 교섭이나 대화도 이루어지지 않았다.

결국 해고노동자들이 선택한 것은 불매운동이었다. 등산객들 사이에 인지도가 높은 코오롱스포츠 불매운동으로 회사를 대화 자리에 나오게 하는 것이 이들의 목적이다.[3] 불매 등반을 통해 시민들을 만나면서 코오롱 정리해고 문제를 알릴 수 있는 것이 기쁘기도 하지만, 한편으로는 시민들이 '노동조합 하면 저 사람들처럼 정리해고 당한다'는 생각을 하게 될까 걱정도 된다.

"시민들이 노동조합 하는 사람을 빨갱이라며 좋은 시선으로 안 보고 내쫓아야 할 대상으로 여기는 게 안타깝죠. 노동조합은 회사를 견제하는 건강한 역할을 하는 것인데, 지금 코오롱에는 회사를 견제할 수 있는 게 아무것도 없어요."

----

3)코오롱 해고노동자와 시민들은 전국 102개 산에서 코오롱스포츠 불매운동을 벌였는데, 여기에 대해 코오롱 사측은 이를 하지 못하게 해달라면서 수원지방법원 안양지원에 가처분 신청을 냈다. 이에 대해 법원은 '불매운동 등 업무방해 금지 가처분 신청'을 기각하고 17개의 특정문구에 대한 사용금지 명령만 내렸다.

그래도 시민들과 직접 대화하면서 정리해고 한 나쁜 기업인줄 알았으면 코오롱스포츠 제품 안 샀을 거라는 얘기를 들으면 희망이 생긴다.

사측 입장이 궁금해서 코오롱그룹 홍보실에 연락을 해봤지만, "대법원에서 정리해고의 정당성을 인정받고 내외부적으로 종결된 사안으로 더 얘기할 부분이 없다"는 답변만 들을 수 있었다. 코오롱은 대화 여부와 관련해서 할 말이 없다고 했다. 불매운동과 관련해서는 사실이 아닌 내용으로 명예훼손을 했기 때문에 이의제기를 한 것뿐이며 정당한 법 테두리 안에서 하는 것은 막을 생각이 없다고 했다. 정리해고의 부당함은 물론이거니와 10~20년 코오롱에서 일했던 노동자들이 겪고 있는 고통에 대한 인간적인 연민과 배려, '기업의 사회적 책임' 등 그 어떤 부분에 대해서도 할 말이 없다고 했다. 이미 모두 다 끝난 일이라는 코오롱은 일배 씨에게 어떤 의미일까?

"코오롱에 근무할 때는 어머님이 '아들 어디 다녀요?'라는 질문에 코오롱 다닌다고 하면 '좋은 데 들어갔네' 하는 얘길 들어 좋았고, 가정을 이루면서 애들 키우고 생활하는 데 크게 걱정하지 않아도 되는 게 좋았어요. 당시의 나한테는 그게 코오롱이었어요. 정리해고 되고 나서는 내가 미처 몰랐던 사람들을 만나게 해주고 그간 몰랐던 비정규직 문제 같은 사회를 볼 수 있는 시야를 넓히는 계기를 마련해 준 곳이 코오롱이죠."

일배 씨가 투쟁을 계속하는 것은 자신의 원직복직을 위한 것이기도 하지만, 아이들 세대를 위한 것이기도 하다. '정리해고가 언제나 가능하다'는 생각이 바뀌지 않으면 그의 자식 또래 아이들이 전부 비정규직이 되거나 정리해고의 아픔을 겪는 악순환이 반복될 것이기 때문이다. 정리해고 10년이 되면서 그는 생각이 부쩍 많아 보인다. 과천 본사 앞 천막농성이 장기화 되면서 잠을 이루지 못하는 날도 많다.

"동지들이 떠날 때가 제일 힘들죠. 전망이 보이지 않아서 떠나는 거기 때문에 전망을 만들지 못했다는 자책감이 들어 힘들어요. 그리고 어떤 아픔이 있는지 알려고 하지는 않으면서 조끼 입고 투쟁하는 사람들을 무조건 부정적으로 보는 사람을 만날 때도 힘들죠. 가끔씩 감정의 기복이 생겨요. 내가 하는 일이 정말 우리 가정을 위하는 걸까? 그럼에도 계속 가는 거죠. 우리를 보고 손가락질하는 사람도 있지만, '힘내세요. 고맙습니다'라고 얘기해주는 분들도 계시거든요. 그런 분들 보면 엄청난 에너지를 받아요."

본사 앞 천막농성을 다시 시작하면서 많은 시민들이 함께해주는 게 무엇보다 큰 힘이 되었다. 객지에서 고생한다며 도시락을 정성스럽게 싸다주거나 불매운동 계란을 보내주고, 집회와 매주 화요일에 하는 문화제에 함께 해주고, 지나가다 보고 따뜻한 커피 한잔과 함께 격려의 말을 건네는 시민들 모두 고맙고 소중하다.

"코오롱에서의 13년 직장생활을 정리해고자로 끝낼 수는 없어요. 최소한의 명예회복을 위해서라도 어떤 방식으로든 정리해고가 철회돼야죠."

정리해고 10년째 되는 해 봄을 앞두고 일배 씨의 아이들이 올라왔다. 농성장에서 자고, 아빠와 남산·대학로 등에 다니면서 즐거운 시간을 보냈다. 그는 아빠를 따뜻한 시선으로 보고 격려하는 아이들이 기특하고 대견스러운 한편 미안하다. 그렇지만 10년 전으로 되돌아가서 앞으로 10년 넘게 싸울 건데 그래도 정리해고 철회 투쟁을 할 거냐고 누군가 묻는다면 여전히 자신 있게 그렇게 하겠다고 대답하겠단다.

"정년퇴직까지는 아니더라도 회사를 그만둘 때는 그동안 고마웠다고 감사인사를 하고 웃으면서 떠나고 싶었습니다. 그래서 단 하루를 일 하고 그만두더라도 복직하고 싶었습니다."

– 2008.5.15. 최일배 씨가 법원에 제출한 진술서 중에서

코오롱 정리해고 일지 ||||||||||||||||||||||||||||||||||||||||||||||||||||||||||||||||||||||||||

2004. 6. 23　노조, 사측의 한계사업 정리 주장에 반발하여 전면파업 돌입

2004. 8. 25　총파업 64일 만에 단체협약 체결(사측 신규투자와 고용보장 등 합의, 노조는 한계사업
　　　　　　　철수 인정, 실질임금 20퍼센트 삭감 등에 합의)

2004. 12. 7~1. 17　사측 연봉제 사원과 생산직 사원에 대한 '조기퇴직 우대제' 실시

2005. 1. 18　사측, 878명 조기퇴직 신청에도 304명 정리해고 위해 노동부에 고용조정계획서
　　　　　　　제출

2005. 1. 24　노조, 정리해고를 막기 위해 임금동결과 임금 20% 반납안 등 제시

2005. 2. 1　노사, '경영위기극복을 위한 구미공장 · 김천공장 인원조정 관련 합의서' 작성.
　　　　　　사측, 인원조정은 조기퇴직우대제로 진행하며 정리해고는 절대 없다고 약속.

2005. 2. 21　사측, 구미공장 78명 김천공장 4명의 노동자에게 정리해고 통보

2005. 2. 23　정리해고노동자들 '정리해고분쇄투쟁위원회(정투위)' 결성

2005. 7. 21　제10대 노조위원장 선거에 정리해고자 최일배 당선

2005. 7. 28　노조 선거관리위원장 최일배 위원장 당선무효 선언

2006. 1. 16~20　대구지방노동청, 코오롱 구미공장 부당노동행위 특별조사

2006. 2. 16　민주노총, 코오롱그룹에 대한 불매운동과 민주노총 차원의 전면투쟁 선언

2006. 3. 6　구미공장 내 송전탑에서 해고노동자 3명 농성 시작

2006. 3. 14~17　노조, 이웅렬 회장과의 면담을 요구하며 과천 본사 로비에서 점거 농성

2006. 3. 27　해고노동자 10인, 이웅렬 회장 자택에서 면담 요구. 경찰 연행 과정에서 최일배
　　　　　　　위원장 자해(최일배 위원장, 황윤섭 부위원장 구속)

2006. 3. 30　검찰, 코오롱 부당노동행위 사건으로 구미공장 압수수색(노조 임원 선거와 선거 무
　　　　　　　효화에 사측이 적극 개입하였음이 인정되어 사측 형사처벌 받음)

2006. 4. 7　노사 교섭 재개

2006. 4. 11   중앙노동위원회, '부당노동행위 및 부당해고구제 재심신청' 기각

2006. 5. 18   정리해고 철회와 원직복직을 절대 받아들일 수 없다는 사측 주장으로 교섭 결렬

2006. 5. 26   정리해고자 3인, 청와대 앞 크레인 고공농성 시작. 10일 만에 경찰특공대 투입으로 강제진압 후 연행(송진만 부위원장 구속)

2006. 7. 13~14   일부 노조대의원들 임시대의원대회 소집하여 최일배 위원장을 부정하고 제10대 위원장으로 김홍열 선출

2006. 12   김홍열을 위원장으로 하는 노조, 규약 변경 통해 민주노총 탈퇴

2007. 4. 11~12   코오롱 창사 50주년 기념식에 맞추어 구미공장 앞에서 민주노총 결의대회 등 진행

2008. 9. 11   대법원 부당해고구제 재심판정 취소 청구 기각

2008. 12. 15   대법원, 코오롱 노조 전 간부 3명(비해고자)에 대한 부당노동행위와 부당해고 인정

2012. 5. 11   정투위, 과천 코오롱 본사 앞에서 세 번째 천막농성 시작

2012. 7. 26   민주노총, 불법정치자금 수수와 관련 이웅렬 코오롱그룹 회장을 검찰에 고발

2013. 4~6   코오롱 스포츠용품 불매운동 돌입. 코오롱 스포츠 용품 매장 앞 1인 시위 진행. 코오롱 불매 산행 시즌 1(관악산, 북한산, 도봉산, 청계산, 남산)

2013. 5. 10   과천 본사 앞 '천막농성 1년과 투쟁 3000일 승리 결의대회'

2013. 10~11   코오롱 불매 산행 시즌 2(경북 구미 금오산 등 전국 8개 산)

2014. 3~6   코오롱 불매 산행 시즌 3(광주 무등산과 제주 한라산 등 전국 11개 산 등반)

섬과 섬을 잇다

ⓒ 이경석 이창근 유승하 희정 김성희 하종강 마영신
이선옥 김홍모 김중미 김수박 서분숙 박해성 연정 2014

초판 1쇄 발행 2014년 5월 26일
초판 3쇄 발행 2016년 3월 15일

지은이 이경석 이창근 유승하 희정 김성희 하종강 마영신
이선옥 김홍모 김중미 김수박 서분숙 박해성 연정
기획 이선옥 유승하
펴낸이 이기섭
편집인 김수영
책임편집 정회엽
마케팅 조재성 정윤성 한성진 정영은 박신영
경영지원 김미란 장혜정
표지 디자인 오필민
본문 디자인 유성미

펴낸곳 한겨레출판(주) www.hanibook.co.kr
등록 2006년 1월 4일 제313-2006-00003호
주소 121-750 서울시 마포구 효창목길6(공덕동) 한겨레신문사 4층
전화 02)6383-1602~3 **팩스** 02)6383-1610
대표메일 book@hanibook.co.kr

ISBN 978-89-8431-810-6 03330